経営教育

人生を変える経営学の道具立て

岩尾俊兵

角川新書

はじめに――誰もが「みんな苦しい」の謎

経営者も従業員も、高齢者も若者も、男性も女性も

なぜ私たちは「みんな苦しい」のでしょうか。

本書はこの疑問を一番大事な出発点としています。

とはいえご安心ください。「みんな苦しいんだから互いに責めるのはやめよう」といった安易な傷のなめ合いでは終わらせません。耳当たりのいい綺麗《きれい》ごとも、現実論を装った暴力的で過激な分断煽《あお》りも、社会に何らの責任も持たない冷笑もたくさんです。

私たちは今、みんなが苦しくて、ここから抜け出す権利と義務がある。それが筆者の考えです。本当は「みんな苦しい」には根本原因があり、原因が分かれば対策も打てます。しかも、その対策としての「経営教育」は、本書を読んでくださっているあなたにも打てる、いや、あなたにしか打てないのです。

ここで、疑問を持たれた方もいらっしゃるかもしれません。経営教育という耳慣れない言

葉はいったい何を指しているのか。なぜ「経営」と「教育」という相容《あいい》れない二つが、この時代の苦しさとそこからの脱却を考えるヒントになるのか。

その疑問は本書を読み進めていただけば、やがて解消されるはずです。こうした疑問に答えるために、本書は「上空から世界をみる議論」と、今日この場所から一人ひとりができる実践を考える「目線の高さの議論」の両方を往復していきます。

もう一度、本書の出発点に戻りましょう。

なぜ私たちはみんな苦しいのか？

「あいつらが悪い」論を見つめ直す

立ち止まってよく考えてみれば、この疑問にはおかしなところがあります。

もしも「みんな苦しい」ではなくて、特定の属性の人たちが絶対的に楽な生活をしていて、そのせいで別の誰かが苦しんでいるというのなら話は単純でしょう。その場合は、私たちが生きる時代の苦しさの原因を、特定の属性の人のせいにしてしまえば話はおしまいだからです。「あいつらのせいで、自分は苦しんでいる」という具合に。

実際に、社会の分断を煽る言説は日本中に蔓延《まんえん》しています。高齢者が悪い、若者が悪い、経営者が悪い、従業員が悪い、男性が悪い、女性が悪い、政治家が悪い、有権者が悪い……などなど。

こうした単純な想定の議論は表面的には分かりやすく、一見すると解決策も明確なので人気を博します。誰かが悪いのならば、私たちから特定の属性の人たちを分断し、攻撃し、排除すればよいからです。時代劇のように、悪代官を成敗すればハッピーエンド。その論理がもし正しいならば、革命こそが単純明快な解ということになるでしょう。とある属性の人をギロチンにかけてしまえば万事解決というわけです。

でも、繰り返しますが、現実には「みんな苦しい」。

自分は苦しい、自分以外はきっと楽をしているはずだ、というのは現実を無視した議論でしかありません。高齢者も苦しい、若者も苦しい、男性も、女性も、誰だって苦しい。これが現実なのです。

経営者や政治家を「上級国民」と決めつける言説もありますが、もし彼ら全員が本当に楽をしているならば、なぜそうした「上級国民」がときには自ら命を絶つほど悩んでいるのでしょうか。日々の苦しさによって私たちは思考停止に陥っているだけで、冷静に考えてみれば何かがおかしいのです。

表面的にはいい生活をしているように見えている経営者も、毎晩のように資金ショートの悪夢にうなされたりしています。政治家もまた「サルは木から落ちてもサルだが、政治家は選挙に落ちたらヒト以下の扱いをされる」などと落選の恐怖におびえていたりします。専門職として一生食うには困らないと思われている官僚や医師や法曹や大学教授だって同じです。業務の重圧と限られたポストをめぐる熾烈《しれつ》な争いを前にして、日々胃が痛くなるような生活をしています。

もちろん、従業員の立場にある人の多くが理不尽な上司に振り回されて、それにもかかわらず給料も上がらず、仕事にやりがいも感じられず、虐げられて(搾取されて)いるように感じているのは誰もが認めることでしょう。さらには、男性が逃げ場もない中で大変な思いをして働いているのも事実ですし、女性が周囲の無理解に悩んでいるのも事実です。

若者が将来を悲観しているのも事実ですし、現役世代が多くの実質的な税金の負担を強いられて「働いても働いても楽にならない」と思っているのも、日本経済の絶頂期を支えた高齢者がギスギスした現代日本でときには親族からさえ「早く退場してくれ」などという精神的暴力を受けているのも事実なのです。

そろそろ読者の中には、「そんなに断定するならデータを出してくれ」という人も出てくるころかもしれません。

もちろん、本文では必要に応じて各種のデータも提示していきます。でも、もっと大事なことがあります。それは、「ここまでの議論は、自分以外の人に少しでも興味を持ちさえすれば、誰にだって分かること」だということです。試しに自分の属性と異なる人たちに今すぐ電話でもメールでもチャットでもしてみてください。

「あなたは○○だから楽に生きているよね？」

と聞いてみたらどうでしょう。○○には特定の性別、年齢、職業などが入ります。どんな反応がくるか誰だって想像できるのではないでしょうか。大多数の人は、こうした実験自体に躊躇《ちゅうちょ》すると思います。

安易な分断煽りを乗り越えて

誰もが本心では分かっている、でも、誰かを攻撃するという安易な道を捨てきれない。その理由の一つは、「みんな苦しい」ことを認めてしまうと、問題があまりにも複雑で、解決策がないように思えてしまうからかもしれません。

解決策がないなら絶望が待っているだけです。

しかし、地球上の、あらゆる「複雑にみえる現象」の裏には、単純な論理が隠されているものです。アリがエサを探して巣に運ぶまでの多様で複雑な集団行動が、実は「道しるべフエロモン」というたった一つの要素を考慮するだけで理解できるようになるように。

そこで第一章以降では、最初に、私たちが生きる時代を支配する「この苦しさ」が実は複雑ではないことを示していきます。まずは、すべての人を苦しめているものの正体が実は単純だと示しましょう。その後に、この苦しさを生む単純な原因に対処する方法について考えていきます。

本書が取り組む問題はあまりにも大きく、かつ時代性の強いものです。通常の学問研究のスタイルでは取り組むことがほとんど不可能な問題に取り組んでいます。

学者がこうした大きな問題に自由に取り組めたのは、学者がみな哲学者でもあり思想家でもあった、ある意味では幸福な古典時代だけだったように思います。いまの時代が古代かせめて中世であればよかったかもしれません。それでも、本書は現代の大きな問題を扱うという困難に挑戦しました。

この難しさを乗り越えるには経営学が役立つと考えます。なぜなら、経営学は実践への貢献と学術の双方を大胆に横断する特殊な立ち位置にあるからです。経営学だからこそ、本書の存在も許されるわけです。

そうしたわけで、読者のみなさまには、本書の批評家としてではなく、一緒に「この苦しさ」を乗り越えていく実践者として、仲間として、本書を読んでいただけたらと思います。

繰り返しますが、本書はあまりにも大きな問題を扱っています。ですから、細かい粗は当然あります。筆者はそれを分かった上で本書という挑戦をしています。誰かがこの問題に取り組まなければいけないからです。

ただし、それが世界中でただ一人、筆者なのだと言っているのではありません。むしろ逆で、実践仲間としての読者のみなさまが細かい粗を1個ずつ埋め、実践し、個々人の気づきで補完していって、はじめて本書は完成すると言いたいのです。

こうした目的から、本書は次のような構成を取ります。

①まずは「議論の前提の話」。すなわち、なぜ私たちは苦しいのか、そこから抜け出す方法はあるのか、という話です。これが第一章と第二章のメインテーマになります。

②次に「思考道具の紹介」。具体的には、価値の奪い合いという「苦しさ」から脱するための価値創造三種の神器の紹介と解説です。第三章・第四章・第五章がそれぞれ価値創造三種の神器のうち「未来創造の円形」「問題解決の三角形」「七転八起の四角形」に該当します。

③最後は、「こうした思考道具の私的意義と社会的意義」。これらを使いこなすと、個々人にとってどのような実際的なメリットがあるのか、社会はどのように良くなるのか、という

話をしていきます。

筆者は、読者の皆様を、一緒にこの苦しさを乗り越えていく「実践共同体」の一員だと捉《とら》えています。そのため価値創造三種の神器や、本書のアイデアについての知財権は放棄しています。

本書の内容をＳＮＳで友人と共有する、組織で実践的に取り入れる、社内研修に活用いただく、営利・非営利組織内の教育に活用していただくなど、筆者の考え方をどのように使っていただいてもかまいません。そのことで利益が発生しても、筆者が権利金を要求することは一切ありません。

本書は、いま目の前にいらっしゃるあなたが完成させる、「未完の書」なのです。

目次

第四章　どうすれば対立は乗り越えられるのか？　103

第五章　私たちはどうやって進歩していけるのか？　129

本文図版　クラップス

第一章　私たちの苦しさの正体は何なのか？

私たちが苦しいのはなぜなのか？　どうすればここから抜け出せるのか？

どうも、私たちみんなが苦しいということは、特定の誰かのせいで苦しさを強いられているというよりも、何か別の原因がありそうです。

もちろん、世の中には罪を犯す人もいます。ですから、すべての人に何の罪もないといった理想論や綺麗《きれい》ごとを語りたいわけではありません。むしろ、本気で今の世の中を変えたい、社会全体の閉塞《へいそく》感から抜け出る道を探りたいからこそ、現実論を土台とした実践を考えていきたいのです。

この問題に答えるには筆者の専門領域である経営学が役立ちます。「経営学」ときくと、文学・哲学・数学・物理学といった高尚なイメージの学問と比べ、お金の計算をしているノウハウやハウツーに近い下賤《げせん》な学問だと思われる方も多いようです。でも、ある意味ではその「下賤さ」の中にこそ今の世の中を再考するヒントがあります。

といっても、「今の世の中は全部カネの下賤な時代だから、何をやるにしてもカネの計算が必要なんだ」といった品性下劣な話ではありません。そうではなく、「データや理論を使って高尚な議論をした後に、個人や企業が今日から取り組めるノウハウやハウツーに着地する」という経営学の特性が、冒頭の疑問に取り組む際に活《い》きるということです。

前提として、経営学には、神様のように上空数万メートルから世界を眺めて色んなデータを俯瞰《ふかん》しながら理論を作っていく視点と、この瞬間を現実に生きる私たちが何をすればいいのかについて具体的なアドバイスをする上空2メートル以下の目線の高さの視点との間を、「批判を恐れずに往復する」という特性があります。

これによって、「みんなが苦しい」を分解できます。まず、「みんなが」苦しいという社会全体の分析をおこなうわけです。そして、現実に私が「苦しい」状態から抜け出すヒントにつなげることができます。

こうした往復には通常はリスクがともなうでしょう。

たとえば、せっかく苦労して積み上げた専門的な議論を「私は／俺は別のやり方で上手《うま》くいったけどね」の一言で崩されてしまうリスク。あるいは、日々の実践にまでかみ砕く段階で「学者なのに軽薄だね」と批判されるリスク。

しかし、経営学にはこのリスクを引き受けるだけの覚悟と度量がある、と、少なくとも筆者は思っています。誰かの役に立つには、目線は下から、目の前の人に近づいていく謙虚さが必要でしょう。ならば下賤で大いに結構なのです。それが許せないのは自分を高みに置いている不要な傲慢《ごうまん》です。

ここで、少しだけ本章の結論を先取りします。

まず、この章では、これから「みんなが苦しい」ことを示す様々なデータを確認していきましょう。経営者の孤立、従業員の困窮、犯罪発生数の上昇、企業不正の増加、人口減少など、とても暗くなるようなデータばかり。ですが、ここで重要なのは「これらすべてが、相互に影響しあう二つの原因から生じている」という可能性です。

これはかなり大胆かつ希望が持てる推論かもしれません。原因が少数なのであれば対策も少数に集中できるためです。複雑な問題を複雑に捉《とら》えていては解決不能でしょう。しかし、複雑な問題の根本を捉えれば解決可能となります。

この「二つの原因」を分かりやすく書くと、①広く私たち全員にこびりついた「思考のクセ」、②「ある種の教育＝経営教育」の欠如と失敗、ということになるでしょう。

これらの具体的な内容は本章の後半で詳細に説明していきます。なお、早く実践編に入りたいという方もいらっしゃるかもしれません。その場合は、本章と次章はざっと目を通すだけにして、第三章に進んでいただいてもかまいません。

さて、まずは上空からの視点で日本の現状をみていきましょう。

孤立を深める経営者

日本には約３７０万社の企業が存在しています（『令和3年経済センサス‐活動調査』）。ということは、日本には少なくとも370万人以上の経営者がいるわけです。

取締役や執行役などの役職者は社長の数倍存在しています。すると、ざっくり日本人の10人に一人くらいは世間でいうところの経営者なのです。

ここで「世間でいうところの」という留保がつく理由は、筆者は「誰もが人生の経営者であり、〝自分株式会社〟の社長だ」と思っているからです。この点は本書の論旨にも関わりますので、後ほど戻ってくることにしましょう。

さて、社長や社長候補の役員として働く方々の多くは、「経営の問題を誰にも相談できない」という悩みを抱えています。過去には筆者自身がそうでしたし、筆者が経済団体のイベント等で経営者の方々と議論してみても、実際に多くの方がこうした悩みを抱えておられます。中には、お酒が進むと涙ながらに孤独を嘆かれる経営者もいらっしゃいます。

読者の中でも、経営者・経営者候補として働いておられる方々の多くは、経営者は孤独でつらい仕事だと共感しておられると思います。経営者であるにもかかわらず孤独ではないという方々は、むしろ筆者がこれから描く日本の問題と解決策をすでに部分的に実現されているのだと思います。そういった方々も恐縮ですがそのまましばらく我慢してお付き合いください。

筆者の実感だけでは客観的ではありません。少しデータをみてみましょう。

約３７０万社の日本企業のうち、東京証券取引所に上場している企業数はわずか４０００社程度にすぎません（２０２４年12月時点）。また、中小企業庁編『中小企業白書・小規模企業白書（２０２４年版）』によれば、上場企業を含む大企業は１万社ほどにすぎず、社数でみると99％以上が中小企業であり、従業員数でみた場合も約７割の人たちが中小企業で働いています。

日本企業の大部分を占める中小企業の経営課題をみてみましょう。

中小企業庁編『中小企業白書・小規模企業白書（２０２０年版）』では、中小企業の経営課題についてのアンケート結果が発表されました。残念ながら、このアンケート結果が掲載されていた「中小企業・小規模事業者における経営課題への取組」の章自体が２０２１年からは作成されなくなってしまいましたので、２０２０年のデータが最新です。

ここから読み取れるのは、運転資金の確保といったカネの問題よりも、仕事を任せられるヒト（人材）の確保・育成や、会社経営を任せられる後継者の育成・決定のほうが大多数の経営者にとってはよほど悩みの種だということです（図１‐１）。しかも、中小企業経営者にとっての一番の悩みは設立10年以内の若い会社から社歴50年超の老舗《しにせ》まで変わりません。

すなわち、どれだけ長く持続している会社であっても、仕事や経営に同じ目線で取り組める仲間が見つからずに困っているということです。

図 1-1　業歴別でみた中小企業の経営課題

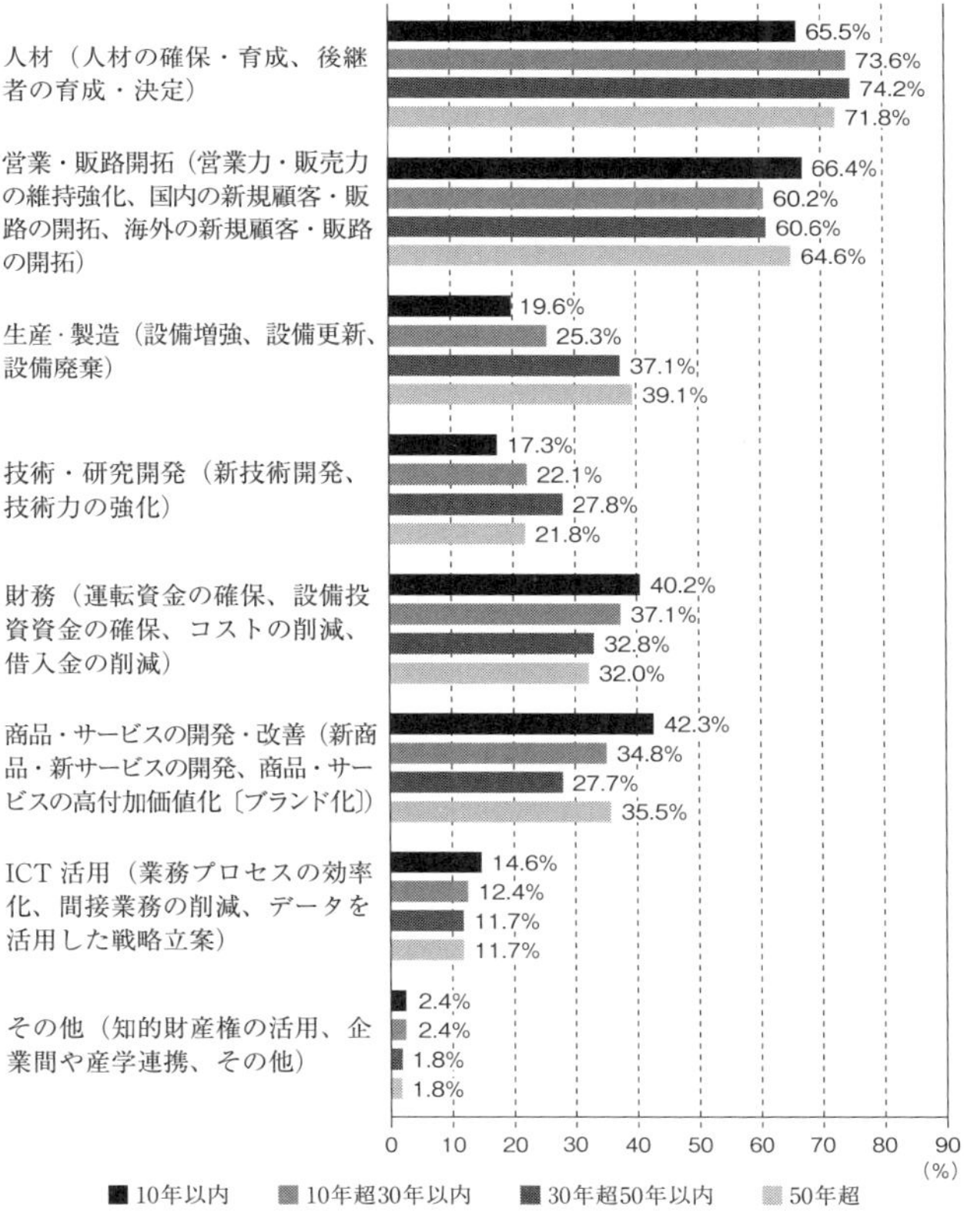

資料：（株）野村総合研究所「中小企業の経営課題と公的支援ニーズに関するアンケート」

（注）1. 重要と考える経営課題は、直面するもののうち、上位３つまでを確認している。ここでは上位３位までを集計

2. 複数回答のため、合計は必ずしも 100％にはならない。「特になし」の項目は表示していない

3. 各回答数（n）は以下のとおり。10 年以内：n=336、10 年超 30 年以内：n=850、30 年超 50 年以内：n=1,146、50 年超：n=1,730

出所：中小企業庁編『中小企業白書・小規模企業白書（2020年版）』

それでは上場企業や大企業の悩みはどうでしょうか。図1‐2は上場企業や大企業を主な対象として日本能率協会が実施した『トップマネジメント意識調査2023』「今後の経営戦略に影響すると想定される項目についての関心度合い」のアンケート結果です。ここでも経営者の悩みの一番はやはり人材のようです。

ここまでは、日本の中小企業全体を上空からみた議論でした。

今度は目線の高さの議論に移りましょう。繰り返しますが、この視点の往復運動を恐れないところが経営学の強みです。

経営者が孤立するとどうなるでしょうか。まず、「会社の経営を相談できる相手がいない」という状態に陥ります。悩みを誰にも相談できず、相談しても理解してもらえず、悩みが解消できないままになるでしょう。

その状態において、会社が儲《もう》からないと、ストレスは極致まで高まります。経営者であれば、誰しも一度は死を覚悟したり、「死んだら楽になれるのに」と思ったりしたことがあるでしょう。

実際に、こうしてストレスが溜《た》まって死んでしまう経営者・経営者候補も多いのです。厚生労働省が人口動態統計をもちいた特殊報告として発表している『自殺死亡統計』をみてみましょう（図1‐3）。この分析は最新でも平成12年のものなので少し古いデータです

図 1-2　上場企業・大企業の経営課題

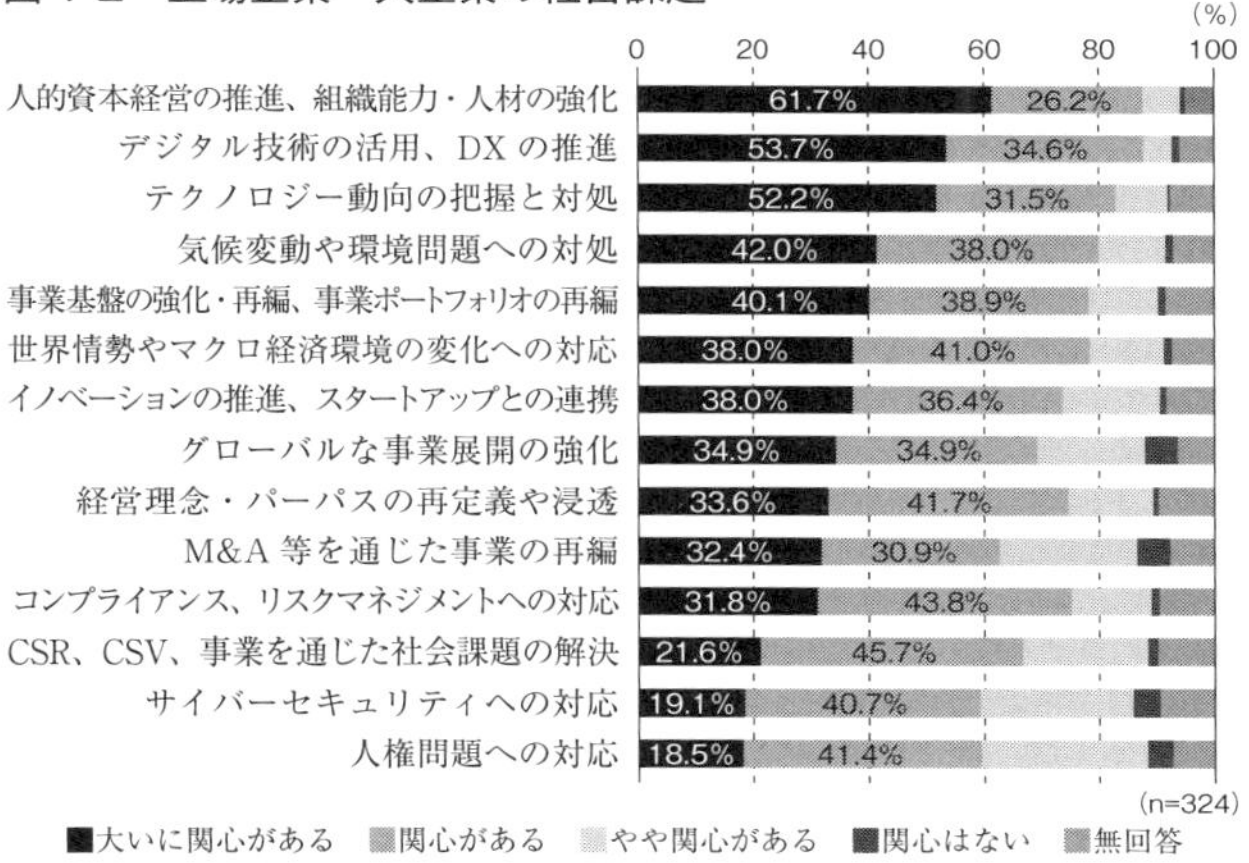

出所：『トップマネジメント意識調査2023』

図 1-3　自殺死亡率（人口10万人当たりの自殺者数）の職業別比較

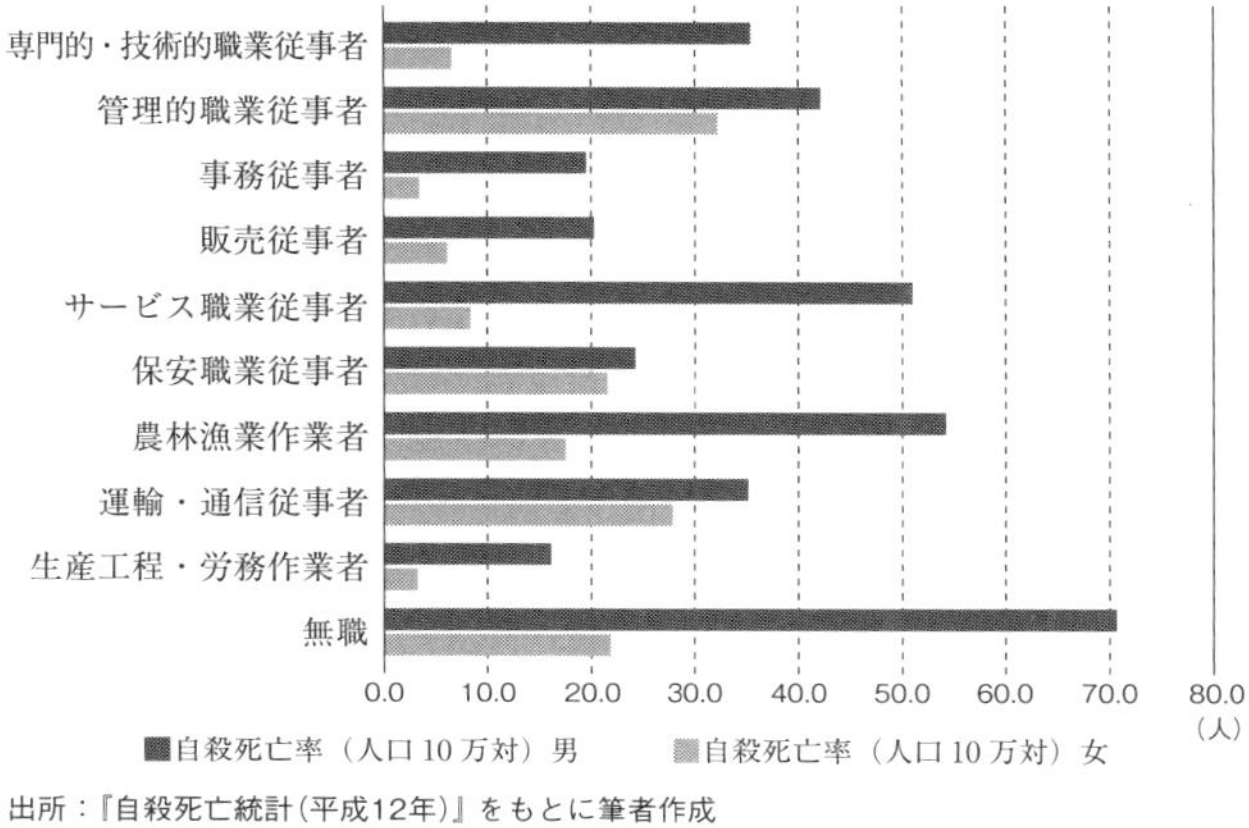

出所：『自殺死亡統計（平成12年）』をもとに筆者作成

が、それでも参考になる情報が得られます。

ここでいう「管理的職業従事者」は「会社役員、企業の課長相当職以上、管理的公務員等」となっていて、ようするに労働組合員を外れる管理者の地位にある人たちです。ここには中間管理職も含まれますが、組合員を外れている以上、少なくとも将来的な経営者候補として処遇されている人たちです。

なんと、人口10万人あたりの自殺率は、無職を含むデータが得られる10分類の職業のうち、管理的職業従事者の男性は4位、そして女性だと無職を超えて1位なのです。

もちろん、他の職業もつらいことが分かります。データでみても、特に無職・農林漁業・サービス職を中心に歯を食いしばっている男性がたくさんいることが分かります。その他の職業だって苦悩はつきないでしょう。

その上で、経営者や経営者候補だって、そんなに楽ではないということなのです。

もちろん、中には孤立したまま上手くいってしまう経営者だっています。それでは、経営者が孤立したまま会社が儲かってしまった場合はどうなるでしょうか。

ここでまた目線の高さに戻ってきましょう。もし自分が周囲から孤立した経営者で、「誰にも経営の悩みは相談できない」と思っていたとしましょう。あるいは少しだけ範囲を広げて、「役員や役職者を中心とした経営者・経営者候補にしか経営の悩みは相談できない」で

図 1-4　年間１億円以上の報酬を得ている役員数推移

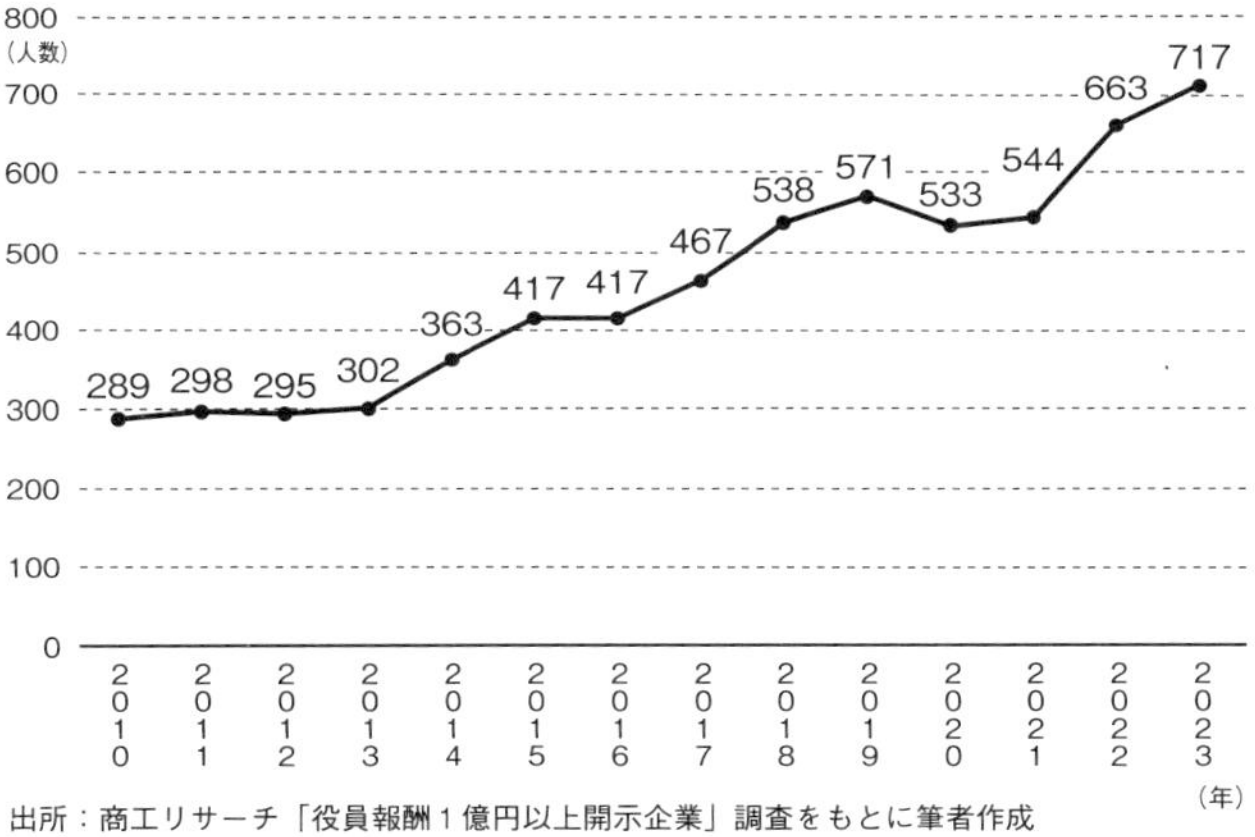

出所：商工リサーチ「役員報酬１億円以上開示企業」調査をもとに筆者作成

もいいかもしれません。

その状況で、あなたなら儲け（利益）の原因をどう理解しますか。

当然の帰結として「この儲けは自分一人が頑張ったから得られたんだ」と思うのではないでしょうか。では、その儲けをどこまで配分したいと思いますか。自分だけ、もしくは、ごく一部の経営者・経営者候補までにしか配分したくないのではないでしょうか。

事実、次に見るように、年間１億円以上の高額報酬を得る経営者の数は右肩上がりに増え続けています（図１‐４）。なお、このデータは２０１０年から公表開始されたものですから、それ以前のデータはありません。

一方で、2010年からの十数年の間、いや失われた30年の間ずっと、従業員の給料は増加してこなかったことは各種報道や個々人の実体験からも常識でしょう。

経営者が孤立して「従業員は気楽でいいよな」という思いになってしまうと、従業員の給料を上げようという発想にはなかなかいたりません。そして、「どうせサボるに違いない」と、監視や管理を強化するのではないでしょうか。

そう、従業員の困窮という問題へと、話は繋《つな》がっているのです。

困窮し続ける従業員

従業員として働く方の多くが出口のない苦しさを抱えています。

給料が安い、仕事がきつい、将来が見えない、労働時間が長く感じる、などなど。いまさら言うまでもなく、多くの働く人が不満を口にしたことがあるでしょう。

各種のデータにおいても、働く人の苦しさが浮かび上がります。

厚生労働省『国民生活基礎調査』の一環として3年に一度おこなわれる大規模調査では、国民の悩みの原因が明らかにされています。この中には経営者や無職者等も含みますので、従業員の立場にある人だけの悩みではありませんが、一つの参考にはなるでしょう。

図 1-5　国民の悩みの源因

悩みやストレスの原因（男女の総数）　（%）

調査年	第１位	第２位	第３位
1995年	仕事上のこと（32.7）	自分の健康・病気（27.5）	収入・家計・借金（17.8）
1998年	仕事に関すること（33.7）	自分の健康・病気（27.7）	収入・家計・借金（19.8）
2001年	仕事に関すること（37.2）	自分の健康・病気（29.8）	収入・家計・借金（22.1）
2004年	自分の健康・病気（32.1）	将来・老後の収入（28.1）	収入・家計・借金（23.2）
2007年	データなし		
2010年	自分の仕事（36.7）	収入・家計・借金等（30.3）	自分の病気や介護（18.5）

出所：厚生労働省『国民生活基礎調査』をもとに筆者作成

調査年によって表現が少し変更されているものの、仕事の悩みが五回中四回トップにきています（図１‐５）。また、現在の収入についての悩みや、将来や老後の収入への不安など、お金の悩みも常に上位にきています。

従業員層に向けて実施された「仕事の悩み」の中身についての企業調査も多数存在します。あまりにも多数にのぼるため、読者の方々に検索していただくほうが早いと思います。ご興味がある方は、ぜひインターネットで「社会人　悩み　調査」「従業員　悩み　調査」などのキーワードを打ち込んで検索してみてください。

こうした企業調査結果の多くも大抵は似通っています。「給料が安い」「残業が多い」「休みが少ない」「福利厚生が悪い」「安定性が低い」「人間関係がつらい」といった項目が上位にきているものばかりです。ようするに従業員は、お金がないか時間がないか精神的余裕がないか、あるいはそれらの複数かという状況にあるわけです。

こうした状況に陥った原因はなんなのでしょうか。

よく聞くのは「日本人の生産性が低い」という言説です。日々一生懸命働いている方々からすると許せない言葉だと思います。生産性が低いから、給料も、時間も、精神にも余裕がなくて当たり前だというわけです。ここに他者を切り捨てる自己責任論の臭いを少なくとも筆者は感じます。

しかも、日本人の生産性が低いという議論はデータ自体に批判の応酬が過熱していて、正しいのか正しくないのかもよく分からないのです。以後、①実は日本の生産性は今も低くない論と②やっぱり日本の生産性は低い論の二つをみていきます（なお、筆者はこの論争自体が本当の解決策には向かわないのではないかと思っています）。

一つめの、①実は日本の生産性は今も低くない論について（図1‐6）。スイスのバーゼルにある「中央銀行の中央銀行」こと国際決済銀行の調査を見てみましょう。そこでは失われた30年においても日本の労働生産性は「生産年齢人口（15歳～65歳の人口）当たりでみると」アメリカ以上に成長しているという指摘がなされています。ペンシルベニア大学の研究

図 1-6　生産年齢人口当たりの労働生産性の伸び率比較

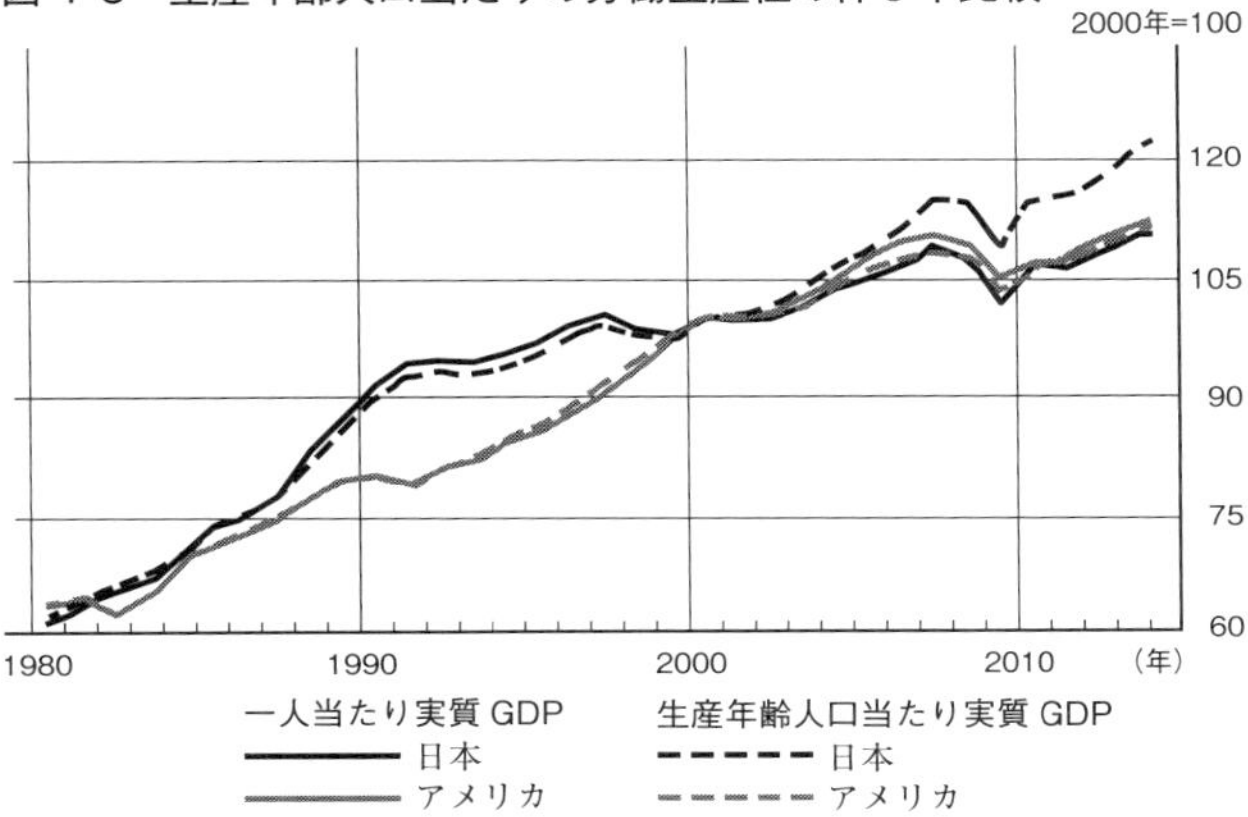

出所：Borio et al.（2015）より引用、筆者改変

者たちがおこなった同様の調査でも、日本は２０１０年代の成長率では先進国で１位だという指摘がなされました。

　これらの研究は、日本において働いている人たちは本当に頑張っているし、これだけ不況が続いた中でさえ実際に生産性もその成長率も高かったと示唆したわけです。希望が持てる話です。しかし、これには待ったの声もかかりました。

　考えてみれば生産年齢人口イコール労働者人口ではありません。中小企業庁によるデータ（『中小企業白書』（２０１８年版））によれば、１９９５年から２０１７年にかけて生産年齢人口が減少するなか、労働力人口に占める女性及び65歳以上の人材の労働参加率が上昇しています。また、まだ査読等を経ていないデータに基づいた議論ではありますが、次のような指摘は的を射ていると思われます（参考：https://ikedanobuo.livedoor.biz/archives/52081709.html）。

実はこの時期に、日本では生産年齢人口内でこれまで労働に従事していなかった主婦層がパート仕事をはじめたり、生産年齢人口外の65歳以上の高齢者が再雇用で働いたりしていて、これらの人たちがGDPを押し上げただけだというのです。

ですから、真に見るべきは労働人口や労働時間あたりの生産性でしょう。希望が途絶えたと思われるでしょうか。しかし、筆者はむしろ、これは重要かつある意味では希望が持てる意見だと思います。

日本の生産年齢人口当たりの生産性が高いという話は、一歩間違うと、生産年齢を超えた定年後の高齢者に現役世代が搾取されているのではないかという疑念につながりかねません。でも、高齢者も、主婦も、いまはみんなが苦しみを抱えながら働いているのです。誰もがみな同じく苦しんでいる者同士だと分かるという意味では、ここに分断を乗り越えるヒントがあると思います。

高齢者も、主婦も、いまでは働いている。

もちろん、パートや再雇用の労働時間は短く、時間当たり賃金も低いため、こうした方々を含めた労働人口や労働時間当たりの生産性比較は意味をなさないという再批判もありえます。また、国民全体の高学歴化が進むことによって、学生期間が長くなり、生産年齢人口に達しても本格的には働かない人が増えていることの影響なども考慮する必要があります。さらには低賃金の名誉職の影響など、世界各国の労働慣行を詳細に調べて有利・不利をすべて調整した上での国際比較研究でないと、正確な生産性は分かりません。

また、経済指標における生産性は給料で測られてしまっていることも多いです。だとすると、低生産性の本当の原因は、優秀な日本の労働者が安月給でこき使われていることだけかもしれません。

実際に、東京大学・ハーバード大学・マサチューセッツ工科大学・ペンシルベニア大学等が参加したIMVP調査では「1時間に何台の良品の自動車を作れるか」といった仕事の質と量を測定すると、少なくとも自動車産業ではやはり日本は世界一の生産性を誇ります（大鹿隆「グローバル製品・市場戦略論：日本自動車産業のケース研究—（4）自動車産業の生産性国際比較—」『MMRC DISCUSSION PAPER SERIES』ほか）。

いずれにしても、あまりに悲観的になるのは実害があるでしょう。悲観的な予測をしてしまうと、予測そのものによって悲観的状況が実現されてしまうからです（図1-7）。

このことを筆者は社会学者ロバート・マートンの「予言の自己成就」になぞらえて、「日本における悲観的予言の自己成就」と呼んでいます。このメカニズムは次の通りです。

まず、「日本人は生産性が低い」「日本経済は成長しない」という悲観的な予言がなされます。根拠はなくてもかまいません。次に、悲観的な予言を信じた経営者が、合理的に行動した結果として、実際に日本人の給料や日本の生産設備にお金を使わないようになります。すると、実際に給料も上がらず、設備投資も活発化しなくなります。こうして「日本人は生産性が低い」「日本経済は成長しない」という状態が現実化します。

すこし思い出してみましょう。「〇〇（ティッシュペーパーやマスクやお米など）が売り切れる」という必ずしも根拠が明確ではなかった予言がありました。これを信じた人がパニック的に買いだめをした結果、実際に〇〇が売り切れるという状況を私たちは何度も経験しています。銀行の取り付け騒ぎも同様です。

こうした現象が起こる可能性もありますから、悲観しすぎず、楽観していくこともまた大事だと思われます。その上で、本書の立場からすると、①実は日本の生産性は今も低くない論と②やっぱり日本の生産性は低い論のどちらでも、論旨に影響は大きくありません。

大事なのは「従業員として働く人たちの多くは本当に必死で生きている」ということ、「年齢や性別に関係なく誰もが今は働いている」ということ、「それなのに給料が上がりづらい理由がある」ということの三つです。

最後の点については政策論争もあります。しかし、本書は政策については一切タッチしま

図 1-7　日本における悲観的予言の自己成就

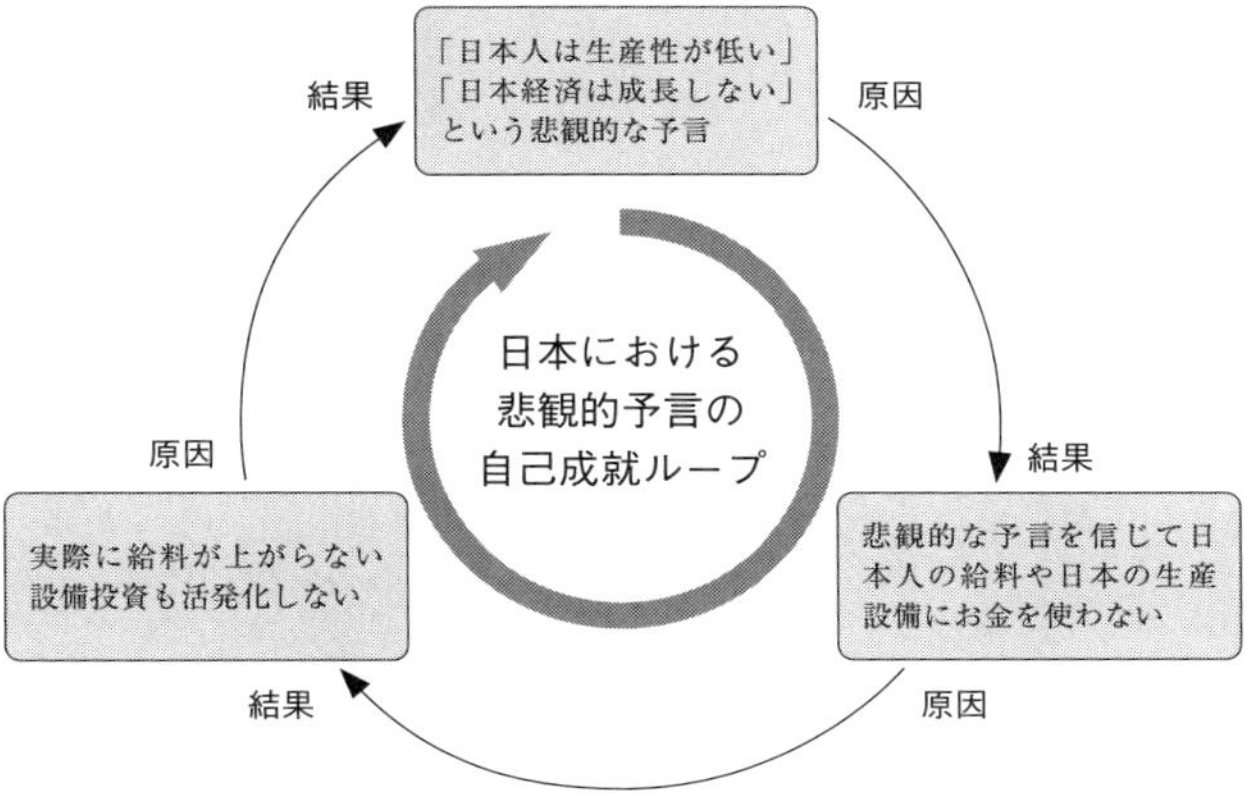

出所：筆者作成

せん。むしろ、「どのような政策が施行されても、我々一人ひとりが取り組める、大事なこと」に集中します。

ですから、本書はどのような政策的な立場の方とも共存できるはずです。

もう一度振り返りましょう。働く人はみんな苦しい。いまや誰もが働いている。だから働けば働くほど報われる状況を作る必要がある。それには政策も重要ながら、我々一人ひとりが今日からできることもある、ということです。

働く人が報われる世の中にならなければ次なる問題が発生します。

犯罪発生数の上昇です。

上昇局面に突入した犯罪発生数

最近の日本では犯罪が増えた、と感じる人も多いと思います。

法務省法務総合研究所編『犯罪白書（２０２３年版）』では20年ぶりに犯罪の認知件数が増えたと報告されました。新聞各社やテレビ等で大々的に報道されましたので、記憶に新しい方も多いのではないかと思います。最新の犯罪認知件数はさらに増えて、２年連続の増加となっています（図１‐８）。

ただし、この図を見ると分かるように、平成初期と比べると今でも犯罪は少ないといえます。人口減少下で犯罪が増えているため犯罪率も近年上昇してきています。とはいえ、人口１０００人あたりで計算しなおした場合でも、平成初期よりは犯罪が少ないという点には変わりがありません。

マスメディアの報道ほど悲観的になる必要はありませんが、ここ数年で犯罪が増えてきているのは事実です。この傾向が続いていく可能性も十分に考えられるでしょう。しかも、危険な兆候が二つあります。一つは、重大犯罪・凶悪犯罪が増加していることです（図１‐９）。

高齢者を狙った強盗殺人などのニュースを思い出された方も多いと思います。本書を校正している最中にもこうした事件が起こったほどです。高齢の独身男性を狙った恋愛詐欺をめ

図 1-8　刑法犯の認知件数の推移（上図）
　　　　および人口1000人当たりの刑法犯の認知件数の推移（下図）

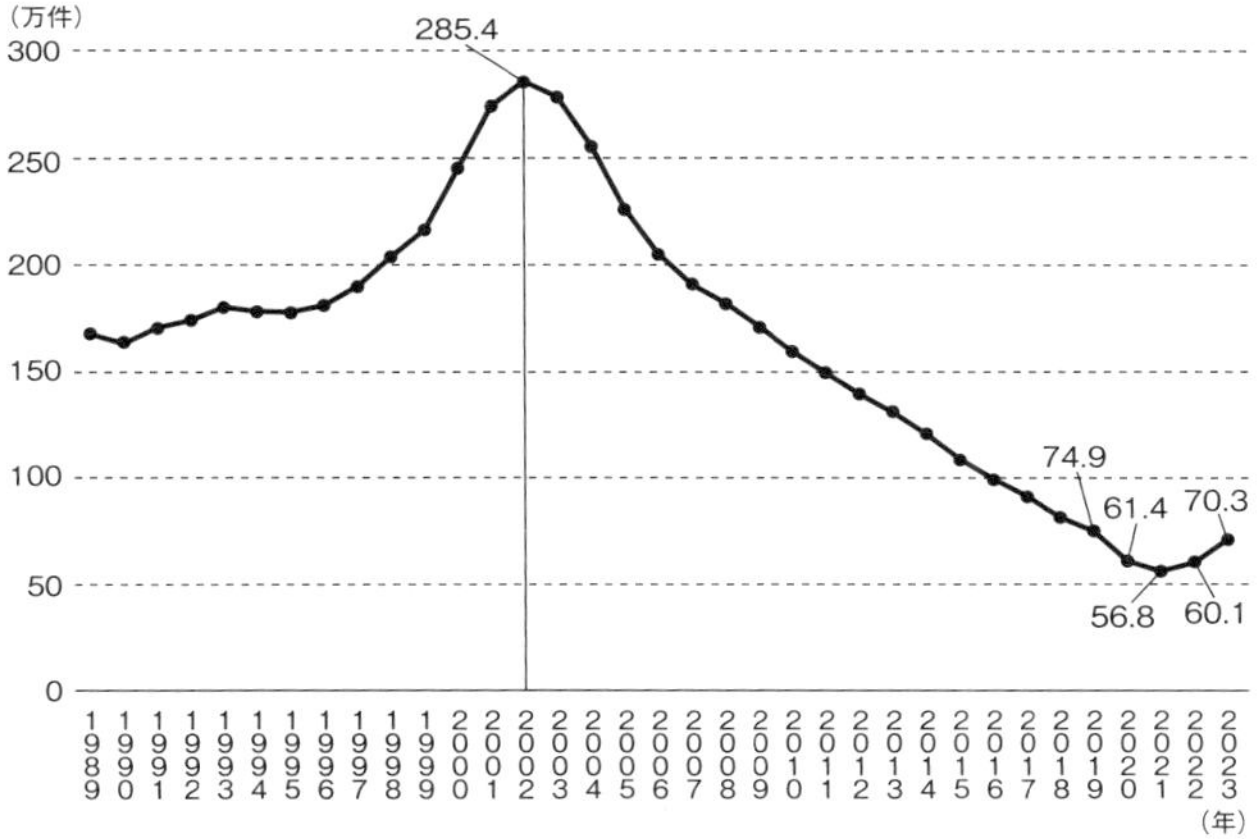

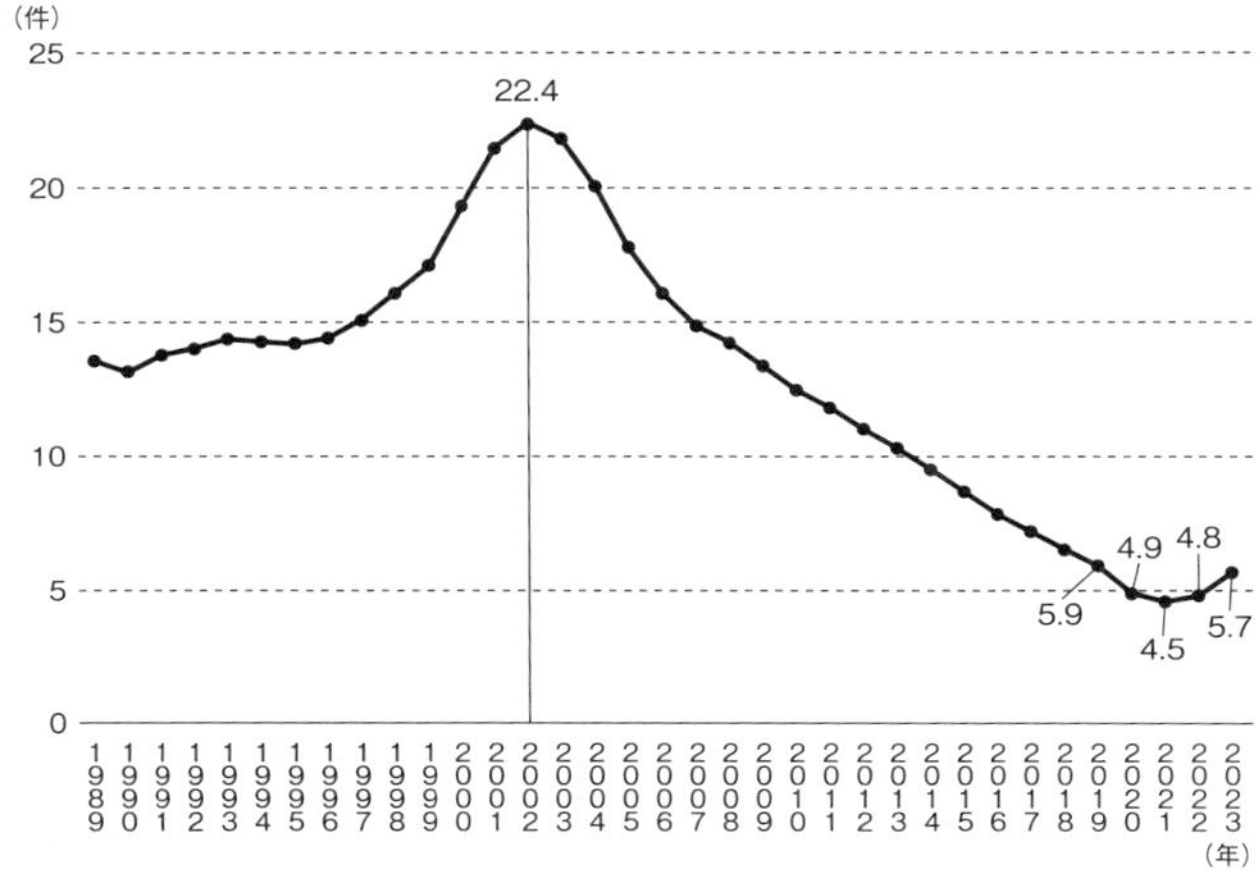

出所：刑法犯認知件数は法務省「犯罪白書」。人口は総務省「人口推計」による各年10月1日現在の総人口

ぐる数々の事件も世間を騒がしました。

ここで再び日常の目線の高さに戻ってきましょう。上空から降りていきます。経営学は客観性に多少の問題があったとしても、当事者の目線を学べるインタビュー調査やケーススタディも重視しています。そこで、ここでは犯罪の前科がある人の更生も受け入れている飲食チェーン企業におけるインタビュー調査の結果を紹介したいと思います（調査対象者の希望により、企業名および調査日程非公開）。

これが先ほど予告しておいた危険な兆候の二つめでもあります。

その会社は刑務所から出所した人たちの一部を受け入れて、たこ焼きやお好み焼きなどの調理技法を教え、こうした人たちが六本木《ろっぽんぎ》や歌舞伎町《かぶきちょう》などの繁華街の店舗で実際に店員として働く場を提供しています。

そのうち、店長として店を切り盛りするようになる人もいます。こうして立派に飲食チェーンの店長として働くようになった、元詐欺グループのリーダーの話。途中で「結局、どこの世界も白い粉は儲かるなあ」と、にやっとされたのが印象的でした。

さて、こうした人の周辺や、刑務所内での知人には、強盗で捕まった人もいます。

こうした人からの又聞き情報として語られた内容が衝撃的でした。現代の詐欺事件や強盗事件の末端・手下として使い捨てにされるZ世代の若者たちは、ステレオタイプ的に語られ

図 1-9　重要犯罪の認知件数の推移

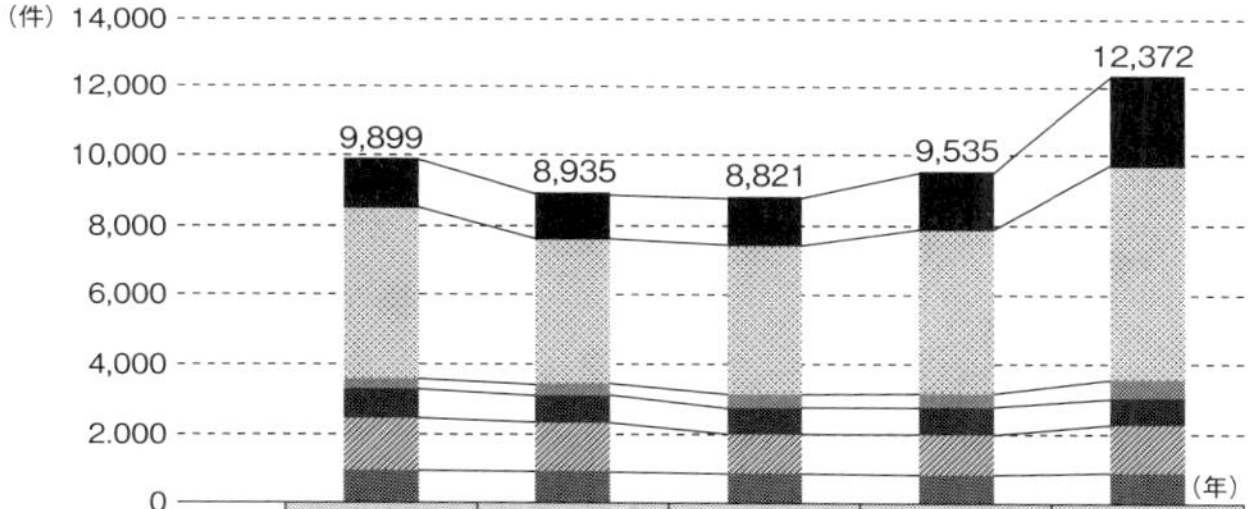

	2019	2020	2021	2022	2023
■不同意性交等	1,405	1,332	1,388	1,655	2,711
▒不同意わいせつ	4,900	4,154	4,283	4,708	6,096
▩略取誘拐・人身売買	293	337	389	390	526
■放火	840	786	749	781	766
▨強盗	1,511	1,397	1,138	1,148	1,361
▩殺人	950	929	874	853	912

出所：警察庁『令和5年の犯罪情勢』

る学校の運動会等で「手を繋いでいっせいにゴールしましょう」といった教育を受けた「いい子たち」だというのです。そのいい子たちが強盗殺人犯になるといいます。大前提として、すべての犯罪が悪ですが、その中でも強盗殺人は死刑か無期懲役になる超がつく凶悪犯罪です。

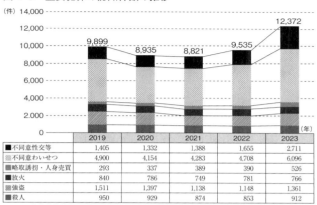

　犯罪に取り込まれるＺ世代の若者の多くは殴り合いの喧嘩《けんか》もしたことがありません。少しだけ周囲に不良の先輩がいただけだといいます。むしろ、殴り合いをしたことがないからこそ加減が分からず、ちょっと脅すつもりが高齢者をハンマーで殴りつけて殺害してしまったりするそうです。

　学校で平等教育や平和教育を受けて、喧嘩もせず、争いごとも上手く回避する「いい子たち」は当然ながら犯罪を拒否します。しかし、詐欺や強盗グループのリーダーは、こうした子たちにある種の「再教育」をするというのです。

まず、ユーチューブなどを使って、「年金暮らしの高齢者がいるから日本の若者は貧乏なのだ」「働いていない高齢者がみんないなくなれば若者は救われる」といった内容の動画をZ世代の若者に見せる。こうした動画には、実業で成功したとされる人や海外有名大学で研究者をしている人などが登場します。

Z世代のいい子たちには漠然とした不安と素直さがあります。ですから、こうした動画を見せられつつ、「ほら、有名な人たちもみんな言ってる。高齢者から奪うのは正義なんだ」と熱心に説かれると、詐欺や強盗のハードルが低くなるのだというのです。

みんなが「高齢者の多くはいまでは働いている」「現代は誰にとっても苦しい時代だ」ということを忘れると、「世代間の分断が進んで犯罪が多発する」という示唆がある事例でしょう。

なお、筆者は「人間は誰も悪くない。ただ、思考が間違っていることがある」という考えですから、信条としてもこうしたインフルエンサーたちへの個人攻撃はしません。それに、こうした発言をするインフルエンサーたちが、Z世代のいい子たちへの悪影響まで見越していたとは思えません。こうした発言はオリジナリティもない元から世間にあふれている言説

図 1-10　不正の種類別発生件数の推移

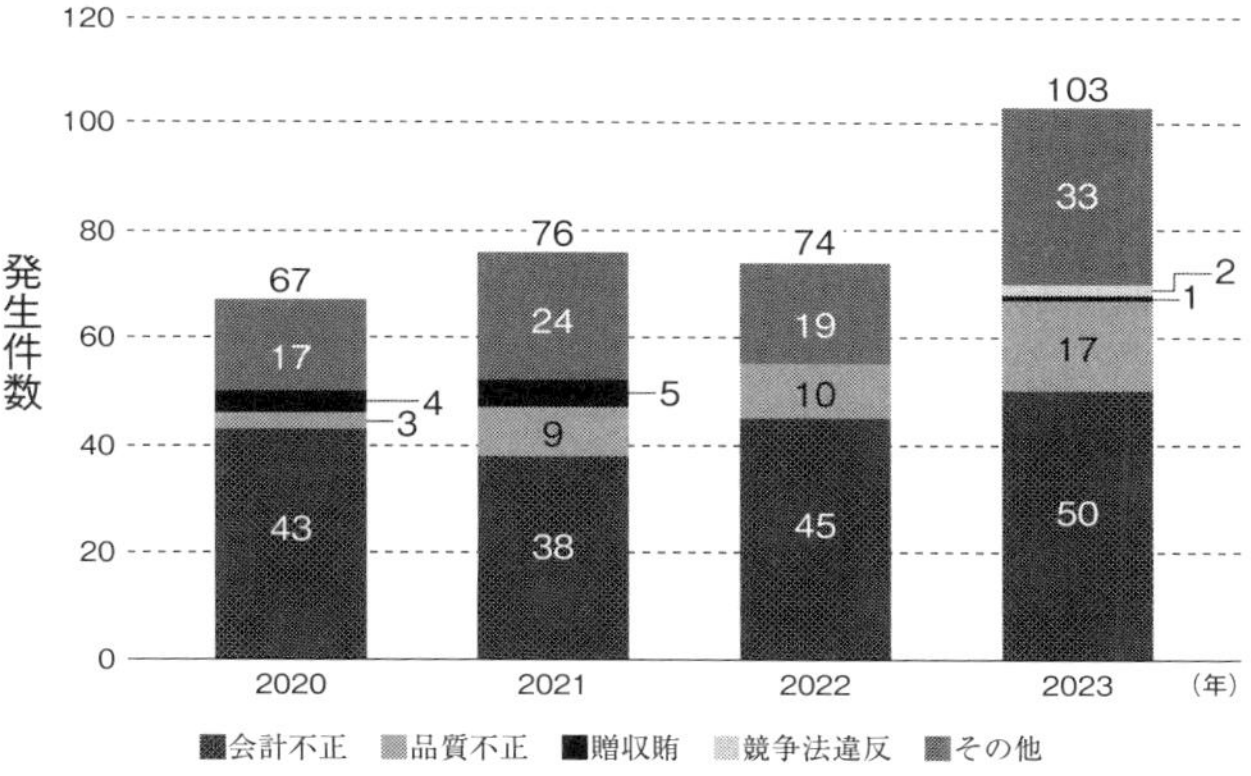

出所：PwC Japan『調査報告書から見る不正の傾向と考察』

です。発言者個人が悪いのではなく社会全体に広がった思考が悪いといえます。

そして、ここから抜け出す道が、政策論ではなく経営学的な視点からも確かにあるというのが本書の主張です。この点はもう少し後で戻ってきます。

ここまで、ある種の思考に支配されると犯罪が正当化される、という話をしてきました。同じことは企業不正にもいえます。

企業不正の増加

企業不正のニュースも頻繁に耳にするようになりました。

株主の目を欺くために粉飾決算によって実態以上に会社の業績を良く見せる。逆に税金逃れのために会社の業績を悪くみせる。品質大国だった日本の基幹産業において相次いで検査をごまかす行為が横行する……。と、多種多様な企業不正が定期的に話題になります。

参考資料として、世界的な大手会計事務所グループであるＰｗＣの調査でも、２０２０年から現在まで企業不正は増加基調にあります（図1-10）。

なお、こうした調査の基礎となっている東京証券取引所のＴＤｎｅｔは過去5年分しか情報を見られません。そのため、長期間の推移を調べることができないという欠点があります。また、そもそもコーポレートガバナンスが注目を集め、企業不正への関心が高まったのは比較的最近のことです。「近年になって不正が明るみに出るようになっただけ」という可能性も否定できません。

このように、企業不正が長期的に増加傾向にあるのか、直近数年だけの傾向なのかは、はっきりとしません。しかも、直近の企業不正も、新型コロナ感染症が一応の落ち着きをみせたことで企業活動自体が活発化した影響を受けているかもしれません。とはいえ「毎年数十から１００を超すほどの企業不正が起こっている」という事実に変わりはありません。

それでは、こうした企業不正の数々はなぜ起こるのでしょうか。

もちろん、単純な間違いや認識の相違によって起きた、過失に近い企業不正もあるでしょう。ですから、筆者は不正を犯した企業を独善的に（偉そうに）断罪するつもりはありません。そうではなく、重大な企業不正一般にみられるメカニズムを明らかにしたいのです。

会計不正は投資家からお金を奪うために、あるいは本来支払われるべき税金を政府から奪うためにおこなわれます。同様に、品質不正は顧客に粗悪品をつかませて売上を奪うため。贈収賄は他社に先駆けて利権を奪うため。競争法違反は優位な地位を使って取引先等の利益を奪うためにおこなわれます。

こうした奪い合いが起こるということは、「経営者、従業員、顧客、株主、銀行、政府等は敵同士である」という前提があるのではないでしょうか。ここで、「これらが敵同士なのは当たり前じゃないか」と思われた方もいらっしゃるかもしれません。筆者が企業経営者と議論する中でも、こうした価値観をもつ方のほうが大多数です。

でも、よく考えれば、従業員なくして会社は大きくなりません。お客さんがつかなければどんな企業もつぶれます。株主がいなければ企業価値はつきません。銀行なくして借入はできないでしょう。政府がなければ法人さえ作れません。それらのどれか一つが欠けただけで経営は困難になります。

それなのになぜ利害関係者同士が敵同士になってしまうのか。それは、価値あるもの（イノベーション）は作れない、市場は大きくできない、社会全体の所得は増やせないといった「思い込み」が存在するからです。

図 1-11　衰退型コーポレートガバナンス

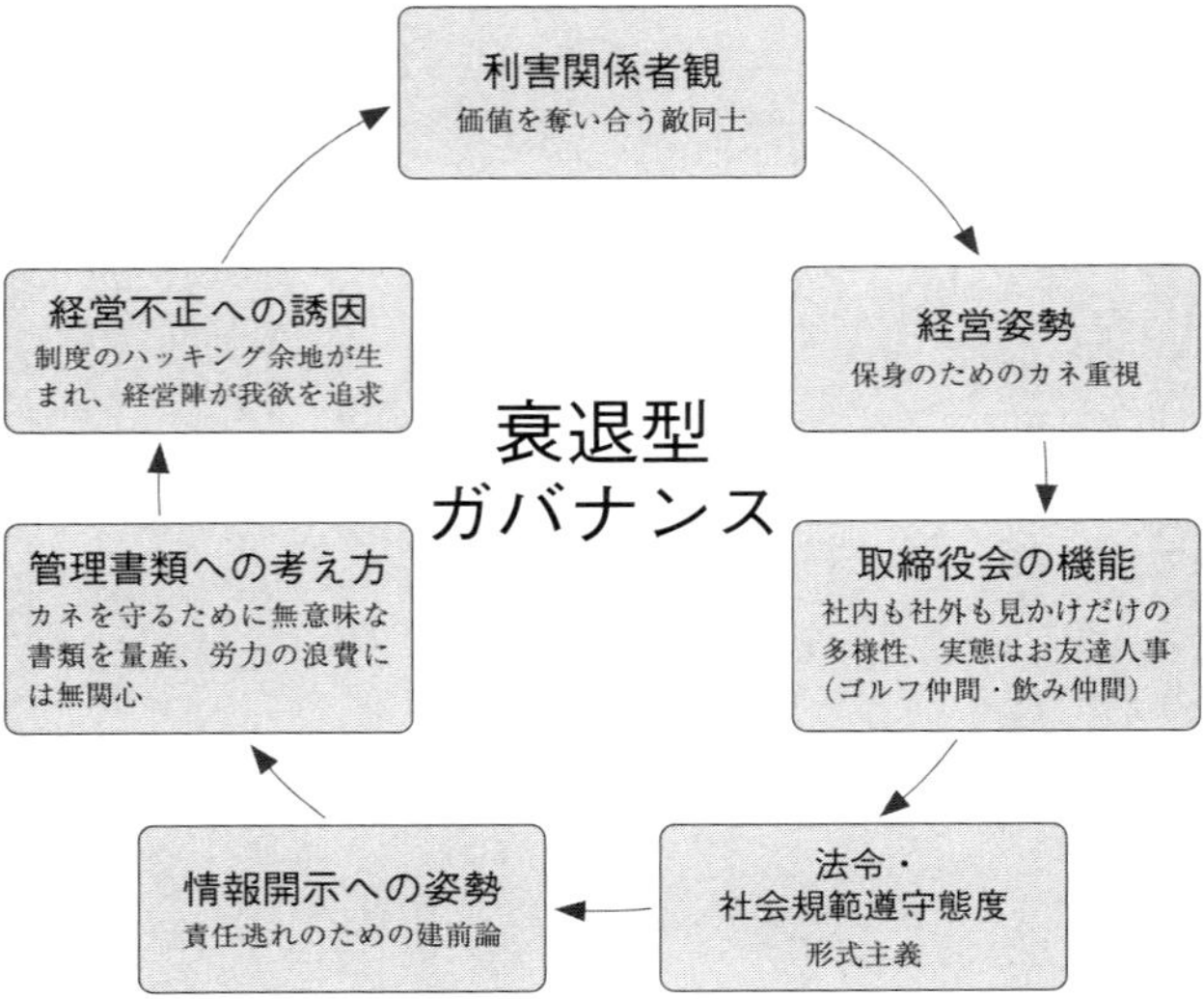

出所：筆者作成

価値あるものが有限だという前提ならば、「誰かから奪うことでしか豊かになれない」という発想になり、企業不正によって利益を確保するしかないわけです。あとは、バレるか／バレないかというだけの問題でしょう。「価値あるものは有限で奪うしかない」という発想から生まれるコーポレートガバナンスは次のようなものになってしまいます（図1‐11）。

こうした価値観自体が、その価値観を信じさせるような結果につながるという関係にあります。すこし専門的な言葉だと「自己強化ループ」といいます。少し前に出

図1-12　成長型コーポレートガバナンス

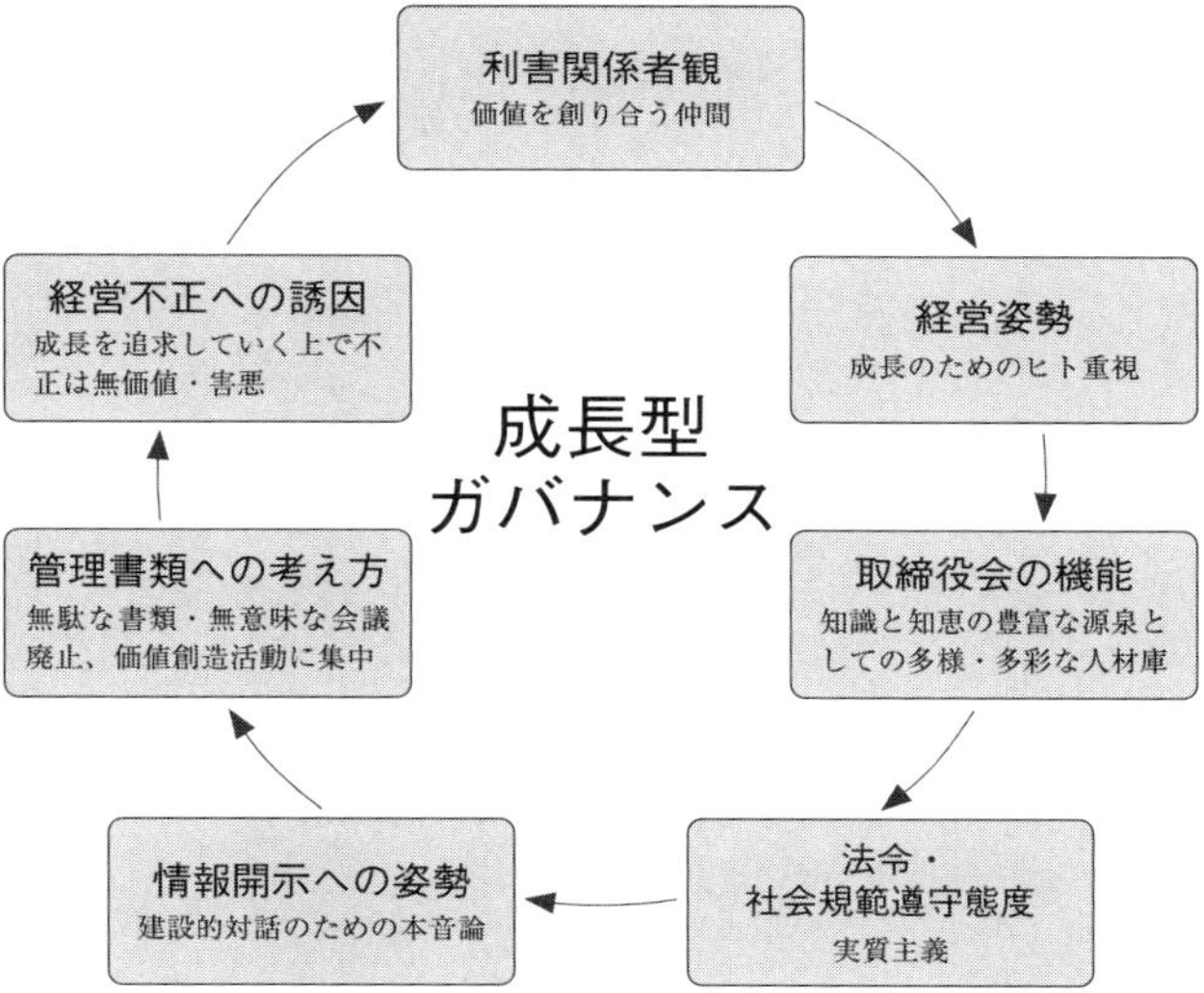

出所：筆者作成

てきた「悲観的予言の自己成就」によく似ています。

利害関係者を敵と考えると経営姿勢が保身のためのカネ重視に変わります。カネを守るために取締役会をお友達人事で固めるしかありません。こうして取締役会が機能していないから、法令・社会規範は形式だけ守ればよいという発想になります。

そうして、情報開示も責任逃れの建前論に終始するようになるでしょう。すると無意味で誰も読まない資料を量産するようになります。ムダな仕事が増えて利益も出にくくなるでしょう。やがてムダな書類が「誰も読まない書類」から「誰も読めない書類」に変われば、制度を悪用する誘因と余地が同時に大きくなります。

こうして企業不正が発生しやすくなるというわけです。企業不正が頻発すると、利害関係者は互いに不信感を抱くようになります。ますます「利害関係者はしょせん価値を奪い合う敵同士だ」という信念が強化されてしまうでしょう。

これとは反対の状況を作りたいならば、出発点の価値観を変える必要があります。たとえば、前ページの図1‐12は、出発点の利害関係者観を先ほどとは真逆の「価値を創り合う仲間」とした場合の思考実験です。

利害関係者を「価値を創り合う仲間」だと信じられるから、ヒト重視で一緒に成長できる人を大事にします。ヒトという知識と知恵の源泉を尊重するため、取締役会も能力重視になるでしょう。利害関係者との関係を大切にするために、法令や社会規範の実質を守ることになります。利害関係者との建設的コミュニケーションのために情報開示にも前向きになります。

建設的コミュニケーションをおこなうという目的からすれば、ムダな書類やムダな会議は悪でしかありません。利害関係者みんなで価値創造を目指していく中で、不正は最大の害悪だということになるでしょう。不正をして利害関係者の信頼を失えば、価値創造を目指す仲間同士のきずなに亀裂《きれつ》が入るからです。こうして公明正大な組織になれば、利害関係者同士が「価値を創り合う仲間」だという思いをより信じられるようになるでしょう。

このように出発点となる価値観が違えば結果は正反対になるのです。

本当は仲間のはずの人間同士が敵になることで起こる問題は他にもあります。次にみていく人口減少はその最大のものでしょう。

人口減少

現代日本は人口減少に直面しています。

このまま人口減少が進むことは避けられない、といった言説もよくききます。人口が減るということは、次の世代の親になれる人自体が減るということです。ということは次の世代の子どもはますます減り、次の次の世代の子どもはさらに……。

しかし、これも根拠のない思い込みかもしれません。

たとえば鬼頭宏《きとうひろし》『人口から読む日本の歴史』（講談社）に始まる一連の研究・論考では、日本の人口減少局面は実は四度目だという指摘がなされました（図1－13）。現代日本が歴史上ではじめて人口減少を迎えたわけでもなければ、一度人口減少トレンドが起きると人口が0人になるまでそのトレンドが変わらないわけでもないのです。

日本社会はまず縄文時代後期に人口が3分の1にまで大幅減少しました（図表だとそう見えないのはタテ軸が1000→1万→10万と進む対数表記だからです）。ところが弥生《やよい》時代には人口は大幅に回復します。そのまま鎌倉《かまくら》時代まで右肩上がりに縄文時代の20倍以上にまで人口が増え続けました。

鎌倉時代後期にはまたしても人口減少します。しかし、室町《むろまち》時代以降に人口は再び上昇して6倍になりました。と、思いきや、江戸《えど》時代後期にまた人口は停滞します。すると今度は明治期以降に人口が大幅に増加したというのです。こうして、今の日本は四度目の人口減少を経験しているというわけです。

過去三回の人口減少の波を日本はすべて乗り越えてきていることが分かります。二度ある事は三度ある、ということわざが正しいならば、三度できたことは四度できるという希望も持てるかもしれません。

しかも、過去の日本の人口減少の「乗り越え方」には現代日本の人口減少を考えるヒントがあります。鬼頭名誉教授（上智大学）の研究からは、三度の人口減少を乗り越えた際には常に社会システムの変革があったと示唆されるのです。筆者は、この三度の社会システムの変革の中身について、経営学の視点からの説明もできるのではないかと思っています。

図 1-13　日本の人口減少と社会システムの変革

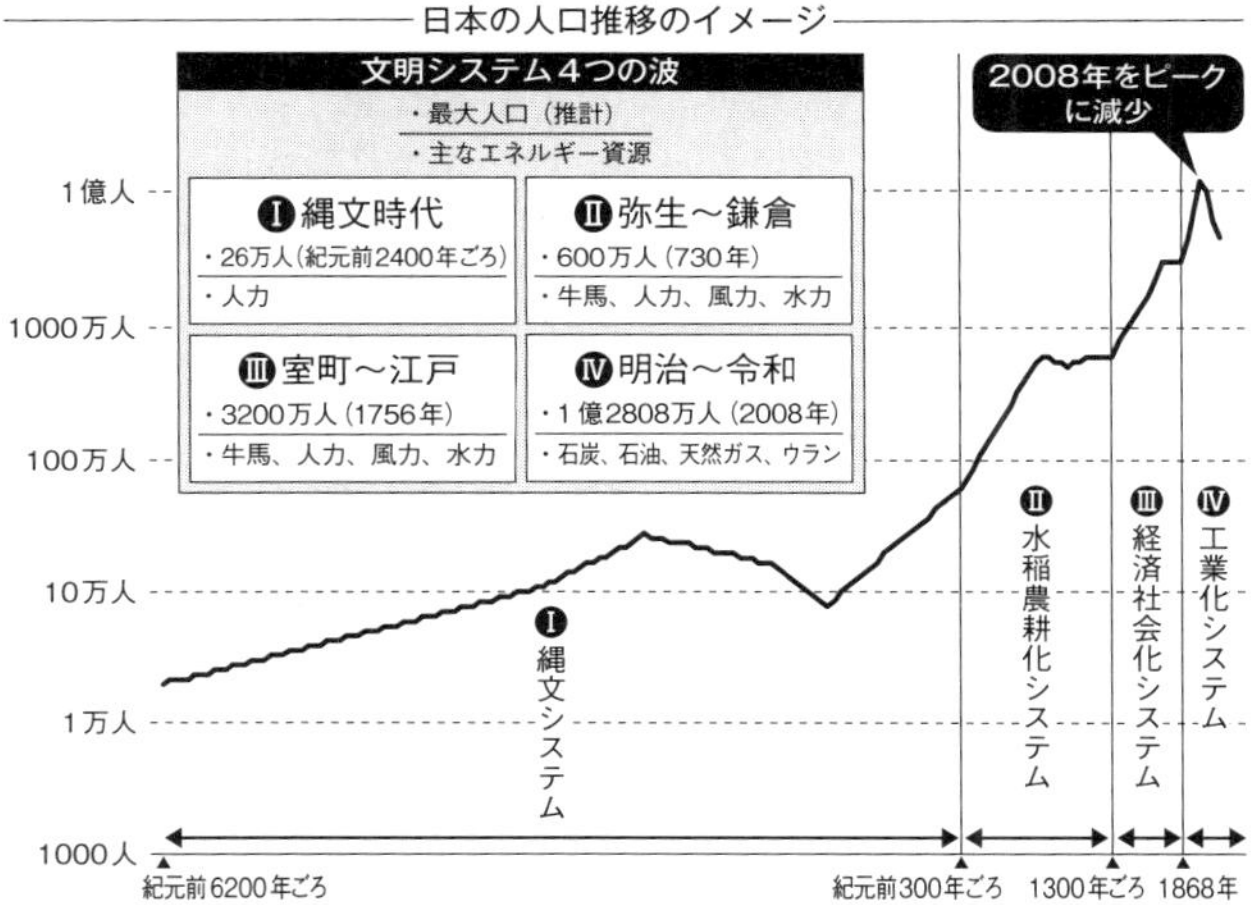

（注）国立民族学博物館名誉教授の故・小山修三氏らの研究を基に上智大学名誉教授の鬼頭宏氏が作成。各時代の期間は諸説ある

出所：「人口減は4度目の波？　過去には「子ども2人まで」宣言」『日本経済新聞』2023年6月17日記事

　それは、「価値あるものの奪い合いを脱して、価値あるものの創り合いができる方法を見つけた」ということです。それこそが、三度の社会システムの裏側で起こっていたことなのではないか。

　架空の昔話をもちいて説明していきます。

　まず、旧石器時代から縄文時代までは主にはイノシシやシカを狩ってドングリなどの木の実を集めて食べるという狩猟・採集生活をしていたと考えられます（縄文時代後期には稲作や漁労が始まっていた証拠も見つかっていますし、貝類は特に主要な食物でしたが、ここでは議論を単純化しています）。このとき、人間の数に対して自然の総量が圧倒的に多ければ、この生活のままで問題はありません。

しかし、人間が子どもをたくさん作って人口が増えてくれば、どこかの時点で人口の増加スピードが自然の回復スピードを追い越してしまうでしょう。すると、イノシシやシカやドングリといった限られた価値あるものを奪い合って、人間同士が争い始めます。争い自体で命を落とす人も出てくるでしょう。争いに負けて食料が得られずに死んでいく人もいるかもしれません。その間、自然は荒涼としたままです。

ここで、実は「ドングリはただの手段であって、本当に必要なのは炭水化物ではないか？」「だとすれば栽培が容易な穀物を育てて炭水化物を作ればいいだけではないか？」と気が付けば、やがて稲作という問題解決にいたります。同様に、「イノシシもシカもただの手段であって、本当に必要なのはタンパク質ではないか？」と気が付けば、海に目を広げて定置網を使った高度な漁労という問題解決に気が付けるでしょう（もちろん、当時は炭水化物やタンパク質といった概念はありません）。

こうして無限と思えるほどに広がる価値創り合いの世界に一歩踏み出したわけです。

農耕・漁労生活へとシフトして1000年もたてば、やがてはこの生活にも限界がきます。人間の数に対して開拓できる土地の総量が圧倒的に多ければこの生活が持続できるでしょう。

しかし、土地そのものはほとんど増えないため、この条件を満たせなくなるのです。

すると、「結局のところ土地を持った貴族やその周辺者しか豊かになれない」という状況ができあがります。土地という限られた価値の奪い合いに突入するわけです。国家権力も庶民から奪う以外に豊かになる道を見つけられず、徴税も過酷を極めます。同時に、庶民は税金逃れの方法を編み出して対抗するでしょう。真面目な人が損する時代です。

ここで再度「土地はただの手段であって、本当に必要なのはみんなが欲しがる財・サービスなのではないか？」「だとすれば、土地から生まれる農作物を増やしたり、商業によってお金が稼げるようにすればいいのではないか？」と気づけば、二毛作や楽市・楽座等といった問題解決にいたるでしょう。天下統一が見えてきて、侵略した先の土地という褒美が使えなくなった時期の前後の織田信長《おだのぶなが》を考えてみましょう。この頃に信長は唐物数寄《すき》を再流行させます。これによって土地ではなく茶器を欲しがる武将を増やしたのです。信長は価値創造の可能性に気づいていたのかもしれません。

ここにも有限の土地から無限の美へという発想転換が見て取れます。

これもやがては行き詰ります。政治はもちろん、農業や商業にいたるまで、あらゆる利権が世襲制になるためです。「どんなに能力があっても生まれによってすべてが決まる」というあきらめの気持ちが世の中に広がっていき社会は停滞します。

しかし、ここで「大事なのは財・サービスそのものを独占することではなくて、その流通速度なのではないか」と気が付けばどうでしょう。利権を独占するよりも、みんながビジネスに手を出せて経済が活性化するほうがよっぽどいいと誰もが理解するようになるでしょう。すると、資本主義や株式会社制度や工業化に行きつくわけです。これもまた、有限の価値の奪い合いから脱した例だといえるでしょう。

このように、四度の人口減少とそこからの脱出は価値有限から価値無限への転換としてある程度の説明ができるように思います。

しかし、いまや資本主義や株式会社制度が現代社会に苦しさをもたらしているわけです。それでは現代日本の四度目の人口減少に対して、どのようにして「有限から無限へ」と脱すればいいでしょうか。

この問いについて次章で考えていきます。

果たして、奪い合いの世界から脱する方法はあるのでしょうか。

第二章　奪い合いの世界から脱する方法はあるのか？

どうやら私たちの時代の苦しさの原因は「有限な価値の奪い合い」にあるようです。

前章でみてきた五つの現代日本の問題は、バラバラの問題のように見えて、実は根底では繋《つな》がっています。そして、問題が実は一つの根っこから生まれているからこそ、その根っこを直すことで解決できる可能性があるのです。

この第二章ではこの点について考えてみましょう。すなわち、奪い合いの状況から脱する方法はあるのか、という次なる疑問にここでは挑戦していくわけです。

前章で取り上げた五つの問題はすべて有限な価値の奪い合いから生まれていると指摘しました。具体的にはどういうことでしょうか。前章を少し振り返りながら考えていきましょう。

価値有限と価値無限の「パラダイム」

まず、経営者の孤立という問題。もしこの世にある価値あるものが有限ならば、豊かになるためには価値あるものを誰かから奪うしかありません。少し難しくいえば「ゼロサムゲーム」と表現することもできます。市場も産業もお金も有限なら誰かから上手《うま》く奪うことこそが経営だということになります（図2-1）。

たとえば従業員の成果を奪う。あるいは搾取する。株主の資金を奪う。他社からシェアを

図 2-1　価値有限と価値無限の「2つのパラダイム」

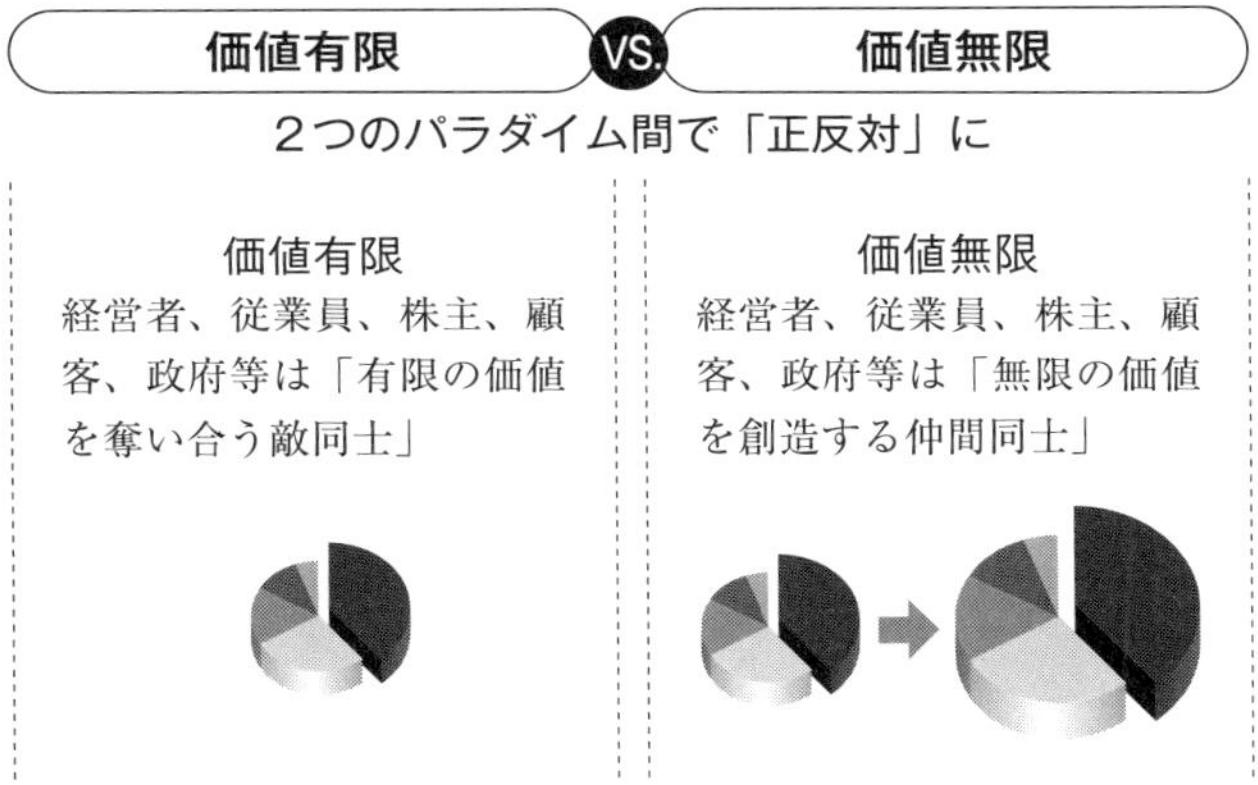
価値有限
VS.
価値無限
2つのパラダイム間で「正反対」に
価値有限
経営者、従業員、株主、顧客、政府等は「有限の価値を奪い合う敵同士」
価値無限
経営者、従業員、株主、顧客、政府等は「無限の価値を創造する仲間同士」

出所：筆者作成

奪う。取引先から利益を奪う。このような具合です。「誰かから奪うことでしか利益は上げられない」という思考に捉《とら》われると、一時的に成功したとしても「これは誰かから奪ったものだ」と心のどこかでは分かっているでしょう。何も宗教的な話をしたいわけではありません。大事なのは次なのです。

論理的に考えて、「自分も誰かから奪って成功した」ならば、「他人も自分から奪って成功しようとしている」と思うのが普通ではないでしょうか。これはそのまま疑心暗鬼に繋がります。「誰もが自分からお金や地位などの価値ある有限なものを奪おうとしている」という観念に支配されてしまうからです。

筆者は（後に父の会社が倒産して中卒で働いたとはいえ）親戚《しんせき》みんなが数十億～１０００億規模の会社を経営しているという経営者一族に生まれました。今も経営学者として日々経営者と議論したり、経営実務家として経営者仲間の相談に乗ったりします。最近では東京証券取引所スタンダード市場上場企業のＴＨＥ ＷＨＹ ＨＯＷ ＤＯ ＣＯＭＰＡＮＹ株式会社（通称：ワイハウ社）の代表取締役社長として、多数の子会社とともに四半期でいうと数十期ぶりの営業利益黒字化を達成しました。

こうして知り合った経営者と話すかぎり、体感では、経営者の多数派はこうした疑心暗鬼の心労状態にあります。

例外は、会社を創業して一代で財をなした人。プログラミングや芸術など特別な才能のある人。代々の経営者一族に生まれた自分の運命に悩み、生き方を真剣に見つめ直した経験がある人です。こうした人たちは実際に価値あるものを何もないところから自らの脳みそだけを頼りに創造したり、奪い合うだけの経営の無意味さに気づいたりしているわけですから当然でしょう。

疑心暗鬼な経営者が孤独になるのは当たり前です。疑心暗鬼で誰のことも信用できないわけですから。深い悩みを相談する相手などできるわけがありません。従業員に相談しても経営目線は持ってもらえないだろうし、経営者仲間に相談するなんて弱みに付け込まれるだけで言語道断だ、というわけです。

現代日本をむしばむ価値有限思考

今度は従業員の困窮についてみていきましょう。まずは、経営者層に広がっている「価値あるものは有限だ」という思い込みによって従業員が時間とお金を奪われている、搾取されているという面もあるでしょう。ブラック企業などはまさにこうした事例です。

とはいえ、従業員の側にも「価値あるものは有限だから誰かから奪うしかない」という価値有限思考がはびこっています。たとえば、経営者から、上司から、同僚から、後輩から、別部署から、ときにはお客さんから、時間やお金や労力を奪い取ることを正当化してしまっていないでしょうか。

従業員として働く誰もが、「自分も奪い合いの片棒を担いでいた」と思われるのではないかと思います。自分は関係ないとばかりに経営者にすべての責任を押し付ける。不必要または過大な経費を会社に押し付ける。仕事を上司や後輩に押し付ける。ムダな作業を顧客に押し付ける……というようにです。

企業経営の面からみると、日本は非常に特殊な国だといえます。新卒で入社した会社で出世していって社長になれる可能性があるためです。海外であれば、転職を繰り返しつつ途中でMBAを取得して経営のプロになっていくのが社長になる一般的なキャリアでしょう。日本の場合、従業員といっても、誰もが潜在的な社長候補・役員候補なのです。

それにもかかわらず、自分も経営者候補だということを忘れてしまっている。本来なら仲間になれるはずの会社内で奪い合いを仕掛けている人も多いという矛盾があります。これは非常に不思議な状況です。ますます経営者と従業員の距離は開きます。こうして従業員が大事にされなくなっていくわけです。社内がギスギスして、互いに時間やお金や労力を奪われないように、無意味な書類と規則を増やしていくという状況もよく見られます。

会社内が奪い合いの発想で支配されると、無意味な権力闘争や社内政治が頻発します。限りある経営資源を他者よりも多く得ようと誰もがやっきになるためです。従業員層を本当に苦しめているのは、経営者ではなく「無意味な仕事」のほうでしょう。そして、無意味な仕事を作っている責任は誰にでもあるのです。

もちろん「もっと、もっと、従業員は働くべきだ」と言っているのではありません。むしろ、仕事を楽にしながら生産性も上がる道があると本書で示していきたいのです。無意味でムダな仕事こそが多くの人を苦しめていると同時に、まさしく無意味でムダであるというその理由から企業の生産性さえも落としています。仕事が楽しく変わることと生産性が上がることは両立できるのです。

犯罪が増加するのもまた、価値あるものが有限で、自分が豊かになるには誰かから奪うしかないと考える人が増えていることが一因でしょう。特に、昨今はインフルエンサーという顔をして「高齢者はみんなお金持ちで、彼らのせいで若者は苦しんでいるのだから、彼らに何をしてもいい」という主張をする人たちさえいます。こうした一部の言説が犯罪組織に悪用されている点は、前章で紹介したインタビュー調査でも明らかになった通りです（前章「上昇局面に突入した犯罪発生数」）。

高齢者の方々の大部分は貧しいし働いてもいるのに、です。

むしろ分断を煽《あお》る一部のインフルエンサーこそが、大して働きもせず、不安を煽って分断を作り、自分だけが大金を奪い取っているとさえいえるかもしれません。誰もが一度街に出て高齢者の方々を実際に見てみるべきでしょう。そして、分断を煽る一部のインフルエンサーたちと見比べてみてください。どちらのほうが良い生活をしていそうか、他者を貶《おとし》めて価値を奪っていそうか、どちらがより邪悪な顔をしているか、冷静に判断してみてください。

こうした言説の影響に加えて、社会から「働くことでこそ豊かになれる」という実感が失われていることもまた、犯罪を増加させる圧力になりえます。「誰もが価値あるものを創れる」「他者は価値を創り合う仲間になれる」「それこそが働くことの意味だ」という信念と実績が積み重なれば犯罪なんて馬鹿らしくて誰もやらないでしょう。

企業不正もまた、組織がおこなう犯罪のようなものです。

価値あるものは奪うしかないと思うと、顧客に粗悪品をつかませる「品質不正」、株主を騙《だま》して投資させる「会計不正」、利権を強奪するための「贈収賄」に繋がるわけです。こうして利害関係者同士が騙し騙される関係になると、経営者を縛るコーポレートガバナンスやコンプライアンスがどんどん強化されていきます。身動きが取れなくなった経営者は、身動きが取れないからこそ、ますます不正に手を染めます。

人口減少はまさにこれらすべてに関わるでしょう。「価値あるものを他人から奪うことでしか豊かになれない」という思い込みによって社会に閉塞《へいそく》感がただよいます。だからこそ子どもを持つことに希望を持てないわけです。

実際に、経営者になっても孤立するだけ、従業員として働いても困窮するだけ、高齢者になればやり玉に挙げられ、若者のうちは搾取され、男性は女性を攻撃し、女性は男性を攻撃し返す、その上で世の中は犯罪だらけ、そんな社会で子どもを持ちたいと思うのは無理があるでしょう。

もちろん、そんな中でも家庭と子どもを守っていらっしゃる方は立派です。でも、こんな世の中で子どもを持ちたくないと思っている人が多いのも事実でしょう。

苦しさからの出口としての「価値無限思考」

しかし、大事なのはこれからです。

日本をむしばんでいるこうした数々の問題。しかも一個一個が解決不能なほどに大きな問題。問題同士が相互に影響しあう「高度に複雑な問題」。これらが実は「非常に単純な問題」である可能性が判明しただけでも大きな一歩でしょう。この時代を生きる私たちの一人ひとりに巣くう、「価値あるものを他者から奪うことでしか豊かになれない」という「価値有限思考」を脱すればいいだけです。

思想的な話ではありません。

人類史を振り返ってみても、価値有限思考は明らかな間違いであり無知なのです。この点は読者の多くの方にもすぐには納得していただけないでしょう。そのため、これから「地球という資源は有限でも価値は無限でありうる」ことを示す論理を提示していきます。

なお、起業家やエンジニアや芸術家などとして成功している方の中には、価値は創れること＝価値無限思考を当然だと思っている人も多数います。とはいえ世の中の多数派は価値有限思考で生きてしまっているでしょう。筆者もまた、何度も価値有限思考に引きずり戻されますし、一方的に奪い合いを仕掛けられることもあります。

奪い合いが日常化している世界で創り合いをしようとしても、他者から上手く利用されるだけだったりもします。ですから、単純に価値有限思考を捨てるのではなく、価値有限思考と価値無限思考を道具として使い分けられるようになればいいのです。

というわけで、これから①価値無限思考は現実的であるという点を人類史から考えていき、さらに②価値有限思考と価値無限思考を「道具として使い分ける」視点を提示していきます。


まずは①について。実は人類史をひもといてみても、「価値は創り合える」という価値無限思考は正しいことが分かります。考えてもみてください。この1万年間で地球の質量はほとんど増減がないのにもかかわらず、経済成長はいったい何倍になったのでしょうか。

データが取れる範囲のみでの、厳しめの「マディソン推計」(イギリスの経済学者のアンガス・マディソンによる推計)ですら数百倍です。仮に年にわずかでも成長し続けていたとすると、複利計算によって何億倍以上にすらなります。1万年前の私たちは竪穴《たてあな》住居に住んで、動植物をほとんど素材そのままで食べて、病気になれば死ぬしかなかったという生活でした。現代の私たちの生活は、1万年前どころか、ほんの数百年前の王侯貴族と比べても、圧倒的に豊かです。

では、地球という有限の資源を使っていて、なぜここまで豊かになれるのでしょうか。繰り返しますが地球は有限なのです。一方で、豊かさはまるで無限に実現できるかのよう。これは「価値創造」のおかげだ、あるいは専門的にはイノベーションのおかげだ、ということになります。そうだとすると、価値創造やイノベーションはどのようにして可能になるのでしょうか。

答えは「資源の組み合わせ方」にあります。少しだけ難しい話になりますが、太古に存在していたであろう人類の祖先の寓話《ぐうわ》をもちいて説明していきます。

10万年前の旧人は洞窟《どうくつ》に住んでいました。それもそのはず。ヒトは木にも登れない、筋力も弱い、鋭い牙《きば》もない、か弱い存在です。雨風をしのぎながら外敵から身を守るためには洞窟に隠れるしかなかった。

洞窟でしか生きられない旧人は、限りある洞窟を奪い合って殺し合いをしたでしょう。快適と安全を提供してくれる洞窟という価値あるものは有限で、他者から奪うことでしか得られないためです。でも、ここで頭のいい旧人が「洞窟は掘ればいいだけではないか？」と気づきます。これまでも繰り返しみた発想です。

さて、ちょうどいい崖《がけ》を探してきて洞窟を掘る場合、実は土や石の総量は変わっていないことに気づかれるでしょう。崖にくっついていた石や土が別の場所に移動するだけで、資源の総量は変わっていません。でも、崖がくり貫《ぬ》かれると、そこに洞窟のような穴ができ、雨風をしのぎ外敵の侵入を防ぐという「機能」が生まれます。そして、この機能に対して、快適と安全という「価値」が得られるのです。

やがて崖が穴だらけになります。すると、穴があいていない崖の奪い合いが起こるでしょう。あるいは、一つの崖に多くの穴があきすぎて、元々別の人が住んでいた家との距離が近くなって揉《も》め事も起こりやすくなるかもしれません。また奪い合いと殺し合いです。

でもここで、「崖は有限だけど、平原にも土地はあるのだし、平原に縦に穴を掘ればいいのでは？」と思った人がいたかもしれません。旧人ではなく新人の時代です。おそらく多くの人は「雨はどうするんだよ」と馬鹿にしたことでしょう。でも、風と外敵の侵入がある程度防げるなら、あとは木を集めてきて屋根にすればいいだけです。

土が移動し、木が移動し、それらが組み合わされました。土も木も有限ですから単に組み合わせ方を変えただけ。すると、洞窟よりもよっぽど快適な住居のできあがりです。

すなわち、「資源は有限でも組み合わせ方は無限にある」「資源の組み合わせを変えると機能が得られる」「機能に対して私たちは価値を感じる」というわけです。そして、組み合わせ方が無限ですから最終的な価値も無限でありえます。

価値創造という「現実」

ここで重要な働きをしているのが太陽光というエネルギー源です。私たちは究極をいえば、太陽光というエネルギーを利用して地球の組み合わせ方を変え、エントロピーを減少させ、「自分たちにとっての」価値を創り合ってきたのです。動植物にとっての地球は１万年前も今も、人間が体感している変化と比べるとほとんど変わらないでしょう。

価値創造が可能だという実例として、半導体集積回路を挙げることができます。

半導体はいまでは最重要資源と呼ばれ、国際政治における権力争いの道具にされているくらいです。ですから、半導体を戦前の石油のような戦略物資と捉える論調も存在します。

しかし、石油等と違って半導体は土地から湧いて出てくるようなタイプの資源ではありません。石油ならば中東、天然ガスならばロシアといった資源大国のイメージがあると思いますが、半導体として知られるシリコンは実は地球の約３割を占める「どこにでもあるただの石」なのです。実は、いわゆる「半導体」とはこのシリコンに露光や洗浄といった作業を繰り返して「回路を作り込む」ことで生まれる半導体集積回路のことを指しているのです。

この回路の作り込み作業は、ただの石の組み合わせ方を変えることで機能を創り出して価値を創る活動そのものです。石の組み合わせ方を考える人間の脳みそこそが半導体集積回路を生み出す（石油でいう）油田のようなものといえるでしょう。

といっても、技術的な話は難しすぎるという方もいらっしゃるかもしれません。あるいは、半導体集積回路を組めるような理科系の知識がないと価値創造なんて無理だとあきらめる方もいらっしゃるかもしれません。

しかし、たとえば芸術なども価値創造の代表例です。

マルセル・デュシャンまたはエルザ・フォン・フライターク＝ローリングホーフェンの『泉』をみてみましょう。ご存じの方も多いと思いますが、こちらはただの既製品の小便器に過激な風刺を込めた架空の人物の署名をしたものです。今の価値観でいっても、原価はせいぜい数千円から数万円程度でしょう。

しかし、この作品は１個２億円ほどと推定され、世界に16～17個存在するのです。極端な例ではありますが、『泉』のコンセプトを面白がってくれた美術館、学芸員、評論家、美術商、パトロン、そして再流通市場がついて初めてこの作品が２億円に化けます。

この本も同様です。この本は「インクのシミがついた紙束」にすぎませんが、インクのシミの形を一定の形態にすることで価値を生み出しているわけです。紙とインクの組み合わせ方でさえほとんど無限にあるのですから、地球全体の資源の組み合わせ方がどれほど膨大で、価値創造の余地がどれだけあるのか考えるまでもないでしょう。

理系でも文系でも、誰にとっても、価値創造は可能だということです。

そうはいっても技術者や芸術家や研究者等は特殊な職業だと思われるかもしれません。しかし、ある種の訓練と教育によって、日常が価値創造の場に変わるのです。筆者はこれを経営教育と呼んでいます。経営といっても「会社におけるお金儲《もう》け」ではありません。経営という言葉の語源からして、経営とは「他者と自分とを同時に幸せにする道を見つけ出す価値創造」を指します。

価値創造の油田と金鉱としての頭脳開発

詳しくは次章以降でみていきますが、たとえば次のようなことです。

まずは家庭における価値創造による問題解決の例です。

ある家庭が「妻の浪費」という漠然とした悩みを持っていたとします。具体的には「ブランド品を買うか」「ブランド品を買わないか」という対立する悩みだと整理できるでしょう。この対立が一人の人間の頭の中だけで起こる場合も、二人以上の人間が異なる意見で対立していることもあります。

図２‐２をみてみましょう。図の中にある「問題の三角形」は、対立を対立のままで捉えています。しかし、よく考えると、この悩みには「安定して幸せな家庭」という共通目的があります。究極の目的は同じで、対立する二つにそれぞれ「妻の機嫌がよくなる」「貯金ができる」という中間目標があるわけです。ブランド品を買えば妻の機嫌がよくなる。ブランド品を買わなければ貯金ができる。どちらも安定して幸せな家庭に不可欠です。

このとき、実は中間目標同士であれば対立しないことに気づきます。買うか／買わないか、これは両立不可能です。でも、妻の機嫌がよくなる／貯金ができるは考え方一つで両立可能でしょう。

たとえば、「禅の考え方を共有する」とか反対に「投資性の高いブランド品を買う」などでもいいでしょう。それぞれの家庭で納得のいく解答を見つければいいだけです。ブランド品を買うか買わないかという対立は「家計の奪い合い」でしかありません。しかし、誰もが同じ目的を持っていると気が付けば、創り合いの世界に変えることができるわけです。

いまはこの三角形を使いこなせなくても大丈夫です。第四章でもう一度じっくりと説明いたします。ひとまずは「こんな発想もあるのか」と眺めておいてください。

三角形は仕事でも同じように使えます。「インフレで飲食店経営が厳しい」という悩みに取り組んでみましょう（図２‐３）。意見の対立を分断にせずに、建設的対立と価値創造に

図 2-2　家庭での問題解決例

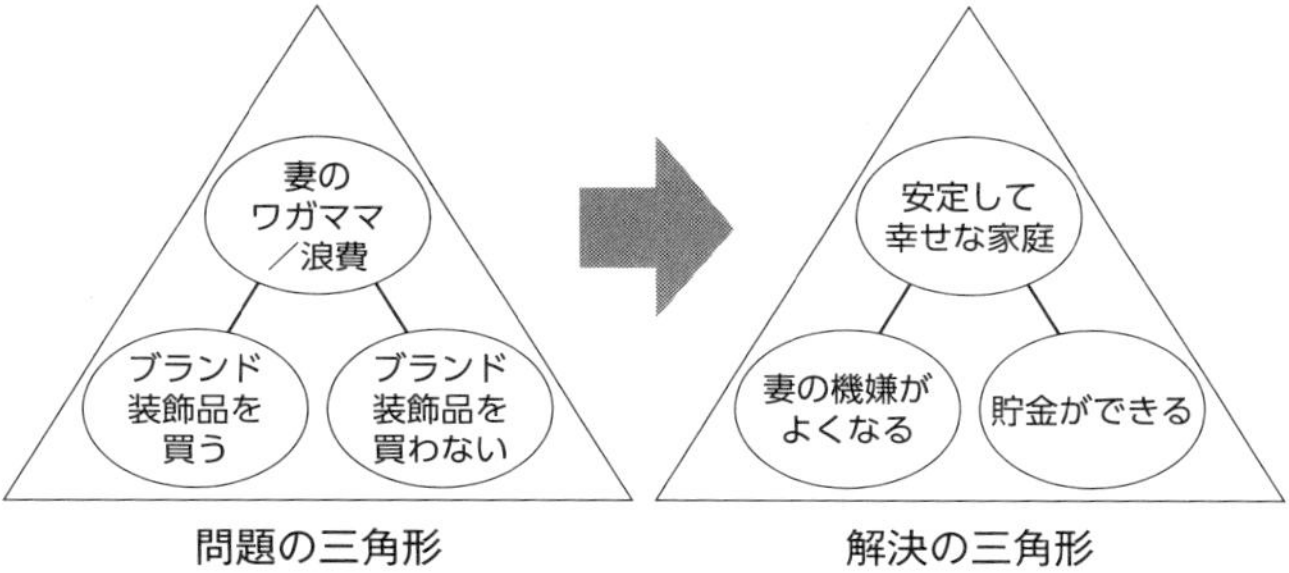

出所：筆者作成

図 2-3　仕事での問題解決例

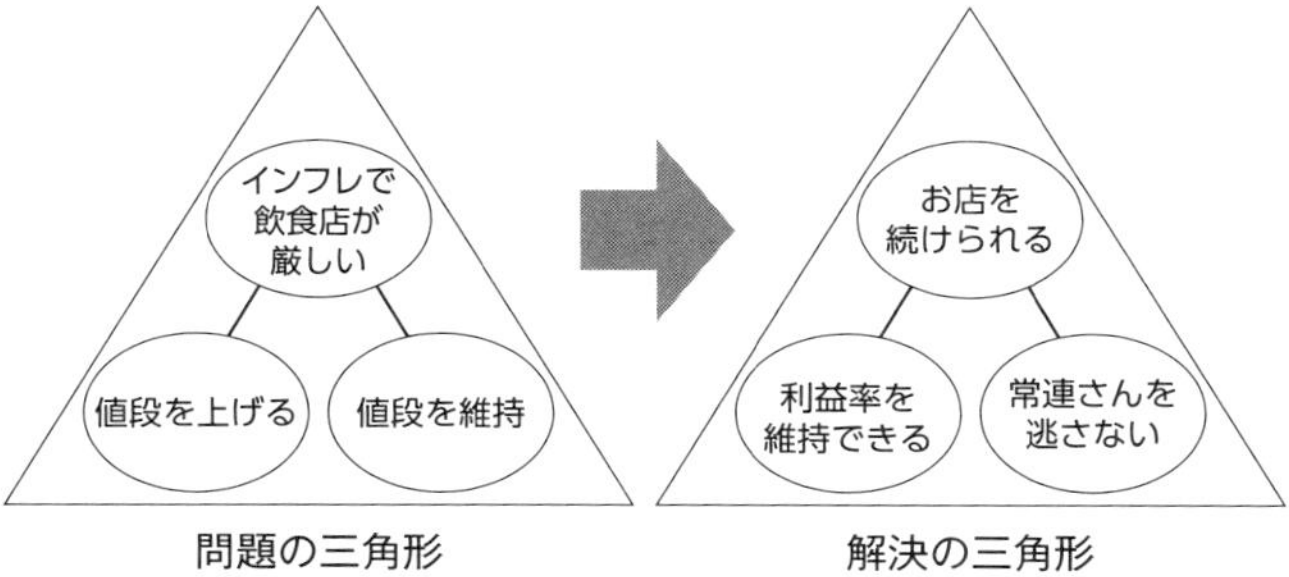

出所：筆者作成

転換していく解決策をまずは読者の方々で自由に発想してみてください。

図の中の「解決の三角形」を眺めていれば、色んなことが思いつくと思います。利益率を維持しつつ常連さんを逃さない手には何があるか、ぜひ考えてみてください。値段を上げる／値段を維持する、というのは両立不可能です。しかし、解決の三角形は両立可能でしょう。

繰り返しますが、この思考道具の使いかたは後でより詳しく説明していきます。今の段階では、「家庭でも、仕事でも、誰もが価値創造の場を持っている」ということと、「価値創造のための思考道具がある」という点をおさえておけば十分です。

なお、価値創造のための思考道具には「未来創造の円形（第三章）」「問題解決の三角形（第四章）」「七転八起の四角形（第五章）」の三つがあります。

これらは次章以降（第三〜第五章）で順次みていきます。

他者との関わり方のパラダイム転換

ここまで価値有限思考と価値無限思考について考えました。

価値有限思考は「世の中にある価値あるものは有限だ」という仮定から出発し、「他者から奪わないと豊かになれない」という結論にいたるものです。一方の価値無限思考は「価値は無限に創造していくものだ」という仮定から出発し、「他者と創り合わないと豊かになれない」という結論にいたりました。

この二つの考え方は仮定から結論まで正反対です。つまり思考そのものを縛っている「思考枠組み＝パラダイム」だといえます。この二つは同時に考えられません。

どちらかの思考枠組み「だけ」を採用するのは問題があるでしょう。価値有限思考だけで考えると奪い合いから脱せません。一方で、価値無限思考だけだと、少なくとも世の中の大半が価値有限思考に支配されている間は、「ただのお人よし」として搾取されます。誰かを苦しめて自分だけが良い思いをするのも、自分を苦しめて他人に尽くしすぎるのも、どちらも間違いだということです。

そこで本書では、価値有限思考と価値無限思考という二つの思考枠組みを自由に使い分けるための視点を提示します。「経営学のあるべき学問構造」という視点です（図2‐4）。

価値を奪い合うのか、価値を創り合うのか、この二つの思考枠組みは広い意味での「経営」についてのものです。だからこそ経営学の考え方が使えます。なお、ここでいう経営とは会社にとどまらず、家庭や友人関係まで「共同体を豊かにしていく試み」です。もちろん、「自分は孤独だ。共同体なんてない」という人もいるかもしれません。でも、どんな孤独な人も誰かから何かを買って、誰かと人間関係を結んで収入を得ています。そのことに気が付きさえすれば、共同体を持たない個人などいないのです。

本書の冒頭で、経営学には当事者の目線の高さの議論と世界を上空からみた議論の二つを行き来するという特徴がある、とお話ししました。

視点が上空に昇るほど客観的で科学的な議論になり、視点が当事者目線に降りるほど主観的でノウハウ的な議論になります。この視点の昇り降りは、抽象化・一般化と具体化・相対化という二つの方向性としても理解できます。

最も具体的な段階は経営実践レベルの議論です。この段階では、「○○流××」のような具体的な会社名が入る議論がおこなわれます。あの会社はどうやって上手くいったのか。チームを率いるにはどうすればいいのか。仲のいい夫婦の秘訣《ひけつ》は何か。友人が多い人はどんなことに気を付けているのか。こういった具合です。

繰り返しますが、共同体があれば必ずそこに経営があります。「誰もが人生の経営者」なのです。ですから、ここでの話は企業経営に限定していません。

さて、こうした実践レベルの議論はたしかに有意義です。今日から何をすればいいかについて指針を与えてくれるでしょう。だからこそ世の中のビジネス書の多くはこうした議論に終始します。

図2-4　経営学のあるべき学問構造

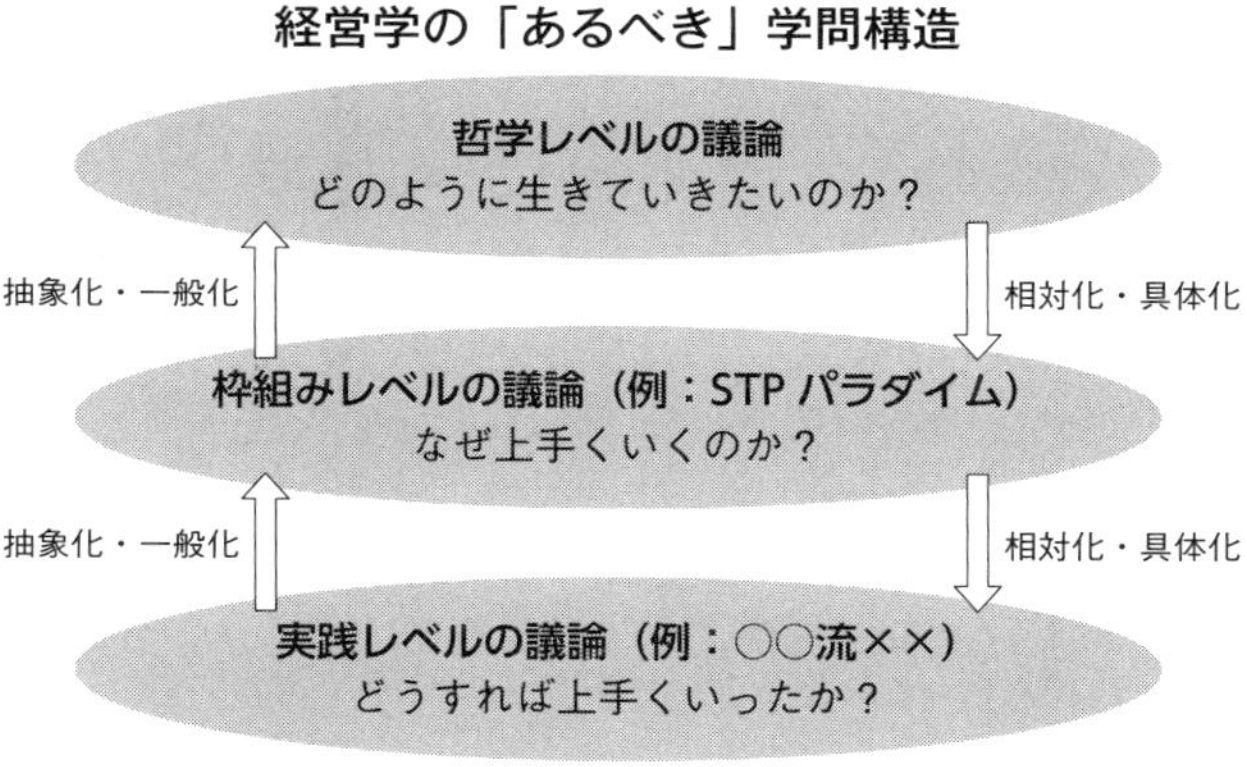

出所：筆者作成

でも、このレベルの議論だけだと、たった一つの成功例に振り回されてしまいます。

そこで、こうした実践レベルの議論を多数集めてデータ分析し、さらに抽象化・一般化して思考枠組みにまとめ上げる段階が必要となります。これが経営の思考枠組みレベルの議論です。この段階では「STPパラダイム」などの理論的な議論がなされます。「なぜ？」という疑問に理論的に答えを出していく段階です。

STPパラダイムとは世界の経営戦略実務において支配的なパラダイムです。Sはセグメンテーション（市場を部分に分けること）、Tはターゲティング（部分から一つを選ぶこと）、Pはポジショニング（選んだ部分を奪取する立ち位置を考えること）の略です。市場を切って、選んで、奪うということで、まさに価値有限思考の代表例だといえるでしょう。

思考枠組みレベルの議論から個々の実践をみれば、一つひとつの成功例が相対化されていきます。「こういう場合には、こういう論理で成功したのだな」と分かるようになることで、成功例を絶対視して振り回されることがなくなるわけです。経営学のほとんどの議論が、この段階までに含まれます。

しかし、今度は一つの思考枠組みが絶対に正しいと思い込んで、思考枠組みに振り回されてしまうという問題がありえます。ですから、本当は経営においてはもう一段階抽象化・一般化した議論が必要だと思うのです。

それが哲学レベルの議論です。この段階では「人間としてどのように生きていきたいのか?」という人生哲学的な問いが中心となります。そもそも自分は何のために生まれてきたのか。幸せとは何なのか。善とは何なのか。こういった疑問を考え続ける段階です。ある種の人生哲学が自分の芯《しん》にあれば、思考枠組みに振り回されてしまうことなく、場面場面で思考枠組みを使い分けることができるでしょう。

どのような思想を人生の軸に置くのかは、各自が考えていくべきことです。しかし、たとえばカントの定言命法と経営の語源はヒントを与えてくれるように思います。

経営における絶対善はありうるか

カントは次に述べるような二つの道徳法則を提示しています（カント『道徳形而上学の基礎づけ』『実践理性批判』）。

一つは「○○を得たいならば××すべきだ」という仮言命法です。

○○には、お金、友情、尊敬、信頼、愛など、低俗なものから高尚なものまで何を入れてもよいのです。ところが、カントは、○○にたとえどんな高尚なものが入ろうと、これは善にはなりえないと指摘します。なぜなら「○○を得るためには何をしてもいい」という発想につながるからです。お金を得るために他人を騙すとか、尊敬を得るために嘘をつくとか、愛を得るために誰かを貶めるとかいったように、どんなに高尚なものを得ようとしても必ず悪徳が生まれます。

そこでカントは善となる道徳法則として、「自分が採用する行動原理が、誰もが採用する普遍原理になっても、心から喜べるような行動原理に従う」という「定言命法」を提示しました。

少し入り組んだ論理ですが、たしかにこの行動原理（定言命法）では悪が生じる余地がありません。たとえば「理性的な生き物はすべて道具（手段）ではなく目的である」といった行動原理などは定言命法になりうるとカントは指摘しています。

カントの定言命法の考え方から、価値有限思考と価値無限思考をみてみましょう。誰もが価値有限思考を採用して奪い合いが日常化する世界と、誰もが価値無限思考を採用して創り合いが日常化する世界。どちらのほうを心から喜べるでしょうか。考えるまでもなく後者です。価値有限思考は悪、価値無限思考は善といえそうです。とはいえ現実の世界では価値無限思考だけだと一方的に奪われてしまうのも事実です。

そこで、「価値有限思考の相手には価値有限思考で防衛し、価値無限思考の相手には価値無限思考で協働する」であればどうでしょう。

この行動原理が普遍原理になったとしても、社会において奪い合いが防がれて創り合いが促進されるわけで、誰も不幸になりません。カントの定言命法を軸において、価値有限思考と価値無限思考という二つの思考枠組みを使い分けることもできるわけです。

もう一つ、「経営」の語源も私たちに考えるきっかけをくれます。

経営の語源に会社やお金儲けという意味はない

経営という言葉は、今から3000年前の周《しゅう》という国の文王《ぶんおう》という伝説的な王による徳治政治に端を発します。経営は、経世済民を経済と略した太宰春台《だざいしゅんだい》の『経済録』よりも約2700年古く、暴れ馬をならすというマネジメントという言葉よりも2000年以上古い言葉です。

周の文王は孔子《こうし》が理想として考えた統治者です。

いわば『論語』のお手本といえるでしょう。『詩経』には経営の語源がこう記してあります。「経始霊台、経之営之。庶民攻之、不日成之。経始勿亟、庶民子来。（霊台を経始し、これを経し、これを営す。庶民これをおさめ、日ならずしてこれをなす。経始するもすみやかにするなきに、庶民は子来せり。）」。

霊台というのは観測所だとかお祭りの場所だとか公園だとか諸説あります。ようするに公共事業です。公共事業をおこなうために、周の文王は「経」して「営」したといいます。経とは緯度経度の経であるとともにお経の経ですから、「どこに、なぜこの事業が必要なのか理由を民衆に説明し、ビジョンを示した」と解釈できます。そして、営は設営の営で、当時は地面に縄を張って設計図を描くという意味がありました。つまり「どのように仕事を進めればよいのかを指し示す」ことだといえるでしょう。

元々は経営に会社・企業経営やお金儲けという意味はないのです。でも、たしかにこれは今でも経営の意味として理解できます。「なぜ」「どのように」を示すことは経営の本質です。驚くべきはその次でしょう。

庶民がこの仕事に自発的に取り掛かり、あっという間に仕事が終わった。しかも、むち打ち等で仕事をせかすことなく（すみやかにするなきに）仕事がすばやく終わったのです。これによって文王の「経営」の力を慕って庶民が集まってくるようになった（子来せり）という大団円で終わります。

仕事を終わらせるためにむち打ちや搾取はいらないというわけです。むしろ、王と庶民の対立を解消することで、仕事を楽しいものに変えながら高い成果が上がる道があることを示したのが、経営の語源となった徳治政治でした。

現代風に言い換えれば、経営という言葉には「価値創造（＝他者と自分を同時に幸せにすること）という究極の目的に向かい、中間目標と手段の本質・意義・有効性を問い直し、究極の目的の実現を妨げる様々な対立を解消して、豊かな共同体を創り上げること」という本来の意味が込められているといえます。

これが、本書における経営の定義です。

西洋哲学の精緻《せいち》な論理と、東洋哲学の実践的逸話の双方が、経営概念について再考する哲学的視点を与えてくれます。

ここまで、主に次のような議論をおこなってきました。①私たちが苦しんでいる原因は価値有限思考から生じる奪い合いにあること。②そこから脱するためには価値無限思考を取り入れる必要があること。③誰もが価値無限思考の実践の場を持っていること。④価値無限思考を現実にするには、思考道具を配る必要があること。⑤価値有限思考と価値無限思考の使い分けを可能にするために、人生哲学が必要だということ。

この五つの主張のうち、③と④の詳細な内容は本章では十分紹介できていませんでした。そこで次章から三つの章を使ってこれらに取り組んでいきましょう。

本章で提起した疑問は「私たちが奪い合いから脱する方法はあるのか？」でした。答えは、「ある」です。価値無限思考の実践を可能にし、個々人が哲学を持って価値有限思考と価値無限思考の使い分けをおこなえばよいのです。

ただし、ＳＴＰパラダイムなどの手法が多数存在する価値有限思考と違って、価値無限思考の実践を可能にする思考道具はまだ存在しません。そこで本書は、こうした思考道具として、これから「価値創造三種の神器」を一つずつ紹介していきます。

まずは「未来創造の円形」です。これは未来の価値創造ともいえます。問題設定や問題提起、価値提案と言ってもいいかもしれません。

どうすれば他者と「創り合える」未来をひらけるのでしょうか。

第三章　他者と創り合える未来はひらけるか？

ここまで私たちの「苦しさ」の原因が「奪い合い」にあること、「奪い合い」は「価値有限思考」から生まれること、「価値有限思考」は人類史からしても間違いであることを確認してきました。

この状況を打破する一手として、筆者は「価値創造（value creation, VC）三種の神器」を世の中に普及させていくことを提案しています。

実はこれに似た活動は過去にも存在しました。それは「品質管理（quality control, QC）七つ道具」を世の中に普及させていった「QCサークル活動」です。製造業に従事していない方からすると耳慣れない言葉かもしれません。QCサークル活動については、本書の後半でもふれていきます。

ここで非常に単純化して言えば、QCサークル活動とは、ものづくりをする際に必要な知識を学び合う社会人サークルのようなものです。当初は『現場とQC』という専門雑誌をみんなで分担して読むといった形だったようです。そこから発展して、それぞれの職場で品質向上を実現するために実際に色んな知恵を出してみて、ときには会社の枠を超えてそうした知恵を発表しあう場になっていきました。

QCサークル活動では、ものづくり品質向上の知恵や工夫を出やすくさせる思考道具が配られました。いままでは誰しも一度は耳にしたことがあるチェックシート、グラフ、ヒストグラム……などがこの活動によって日本国内に普及していったのです。

　ＱＣサークル活動は、こうした思考道具を日本の生産現場に無償または安価で普及させました。これが日本の高度経済成長の実現に大きく貢献しました。ここから学べることはたくさんあります。一方で、現代に合わせて変えるべきこともあるでしょう。

　現代でも通用するＱＣサークル活動の重要な要素は「経営知識を無償で配ること」です。知識なら経済格差があっても知識格差は是正されます。一部の人が知識を独占すると、知識を持つ人とそうでない人との格差が生まれます。すると、「経営は一部の人がやること」というあきらめが組織に蔓延《まんえん》し、お互いに助け合えなくなります。ところが知識が幅広く広まると、誰もがそれぞれの現場の経営について意見して助け合えるでしょう。

　一方、ＱＣサークル活動だけでは現代の日本企業が上手《うま》くいかない理由もあります。それは、「日本が先進国入りしたことで、アメリカやヨーロッパという目標があった競争から、目的を自ら設定する競争へと変化した」という時代の流れです。

　何が売れるのか分かっていれば簡単です。あとは高品質・低価格を実現するようがむしゃらに働けば必ず勝てます。努力がそのまま報われる競争です。反対に、何を売るべきか、何なら売れるのかが分からないならどうでしょう。必死で高品質・低価格を達成しても、売上・利益につながるとはかぎりません。努力が徒労に終わる競争といえるでしょう。

現代日本は先進国入りしました。これにより、日本は世界に先駆けて新製品・新サービスを提案する競争に参加しているのです。しかも、世界全体が不確実性と複雑性が高い経営環境に突入しました。このような、「何が売れるか分からない」状況では、品質管理一本槍《いっぽんやり》では問題があります。価値ある目標そのものを創り出さないといけないからです。

これからは、世の中に新しい価値を提案・実現していく価値創造に使える経営知識を無償で配っていく必要があるでしょう。ＱＣからＶＣへと大きく舵《かじ》を切る必要があります。

こうした思いから「ＶＣ三種の神器」もまた一切の権利を放棄しています。

繰り返しになりますが、ここでご紹介する思考道具（手法）の数々を営利・非営利組織での教育に取り入れていただいても、これらを使ってコンサルティング等をおこなっても、筆者に権利金等を支払う必要はありません。「ＶＣ三種の神器」は「ＱＣ七つ道具」と同じように、知的公共財にしていきたいと思っているためです。

未来創造の円形と京セラフィロソフィ

さて、ＶＣ三種の神器の一つめは「未来創造の円形」です（図３‐１）。

これは未来についての価値創造の思考道具だといえます。誰もが応援したくなる未来を提

図 3-1　「未来創造の円形」の基本

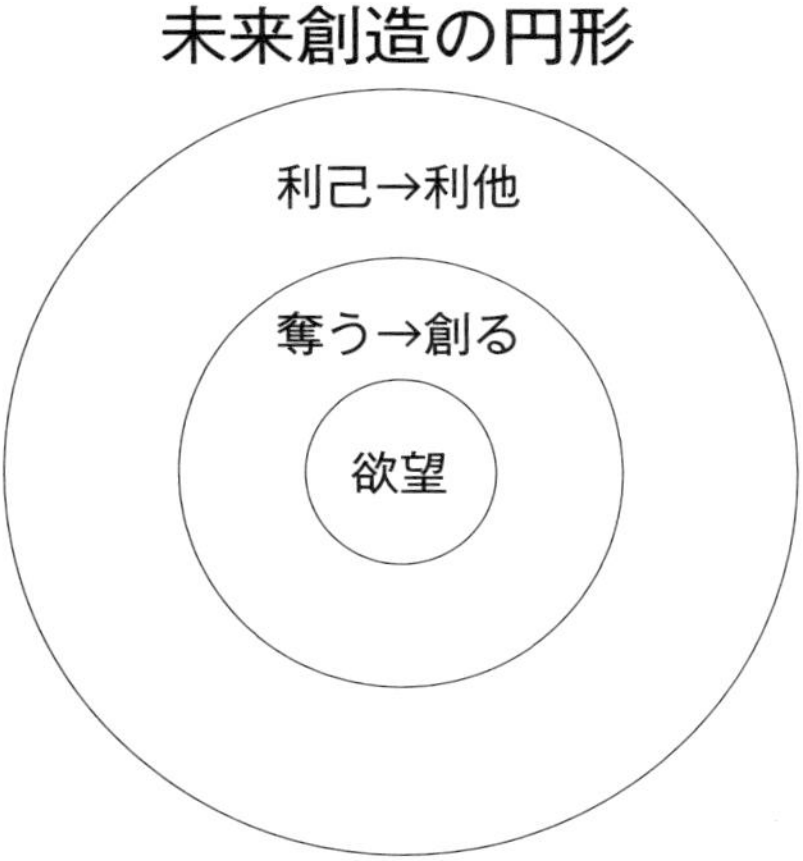

1．まずは自分の根源的な欲望に忠実に、素直に欲望を書く
2．その欲望を「奪うから創るへ」と第一変換
3．第一変換したものを「利己から利他へ」と第二変換

出所：筆者作成

案するための手法です。

人間は社会的な動物です。他者がいなければ容易には生きていけないのが人間という存在の特徴でしょう。孤独を自負する人でさえ、誰かが作った家に住み、誰かが育てた穀物を食べ、誰かが作った本を読んでいるのです。ですから、他者からしても応援したくなるような未来しか永続できません。他者を踏みにじるような未来のビジョンは、たとえ短期に成立したように見えても、他者からして受け入れがたいというまさにその理由によって実現を阻まれます。

未来のビジョンは他者からみても望ましいものである必要がある。一方で、自分の根源的な欲望とつながっていないビジョンはただの綺麗事《きれい》で終わります。綺麗事だけでは未来を実現しようという強烈な意欲がわかないのが人間というものです。

他者志向でないと永続的には実現できず、自己志向でないと実現までの困難を乗り越える意欲がわかない。この矛盾を解決するのが未来創造の円形です。未来創造の円形は筆者が作り出した手法ですが、この手法の根本には稲盛和夫《いなもりかずお》氏の京セラフィロソフィがあります。これからこの思考道具の使い方を解説していきます。

紙でもホワイトボードでも電子機器上でもよいので、三重丸を書きます。その一番中心の丸に自分の根源的な欲望を書いてみましょう。この欲望は必ずしも個人の欲望でなくてもよいです。会社であれば「利益額○○億円を達成する」、病院であれば「日本一有名な病院になる」、スポーツチームであれば「大きな大会で優勝する」などでもかまいません。

営利・非営利組織の集合研修等で個々人に欲望を書いてもらう場合は、根源的な欲望を他人に知られないように、アルファベットのイニシャルで書いてもらってもよいでしょう。たとえば「歴史に名を残す」であれば「RNN」や「R」といった具合です（図3-2）。ここでは欲望を隠さず、素直に書いてみるのが一番大事です。

図 3-2　未来創造の円形の使用例①

出所：筆者作成

「奪うから創る」と「利己から利他」という変換

その欲望をまずは「奪う」から「創る」へと第一変換します。

たとえば、歴史に名を残すという欲望は、限られたポジションや価値の奪い合いに発展しかねません。総理大臣になる、著名な賞を獲《と》る、何らかの分野で歴史的な記録を作る、といったように。これを個々人の特性に合わせて奪うから創るにしてみます。筆者の場合であれば、「新たな学問体系を打ち立てる」といったものになるでしょう。

でも、これだけだとまだまだ他者から応援されるようなビジョンにはなりえません。「新たな学問体系を打ち立てたからなんなんだ」というのが多くの人の率直な気持ちでしょう。はじめの欲望よりはマシになったとはいえ、それでも利己的すぎるわけです。

そこで次に、第一変換された後の目標を今度は「利己」から「利他」へと第二変換します。たとえば「新たな学問体系を打ち立てる」から「仕事を楽しくしながら利益も上がる思考の道具を配る」といったようにです。「VC三種の神器を無償で配っていく」という困難で経済的リターンもない活動は、まさに未来創造の円形によって筆者自身がビジョンを再設定した結果として生まれたものなのです。

私的な欲望さえも、奪うから創るへの第一変換と、利己から利他への第二変換を通じて、公的なビジョン＝大義名分へと変わります。私的な欲望で繋《つな》がる集団はすぐに悪徳がはびこります。しかし、大義名分で繋がる集団には美徳がいきわたるようになるでしょう。その意味では、個人も集団もビジョンを持つ必要があるわけです。

ここで、未来創造の円形によって欲望をビジョンに変換した例をいくつか挙げてみます。図3‐3は講義を頼まれたとある大学で受講生に未来創造の円形の作成に取り組んでもらった際に出てきたものです。とある学生が「働きたくない」という欲望が自分の根源にあると言いました。彼は働きたくないから就職活動もしていないといいます。働かずに将来はヒモかなにかになれればいいな、と、信じられないような発言をしていました。

正直なところ、未来創造の円形を広める活動を始めていた筆者自身も、この欲望をビジョ

図 3-3　未来創造の円形の使用例②

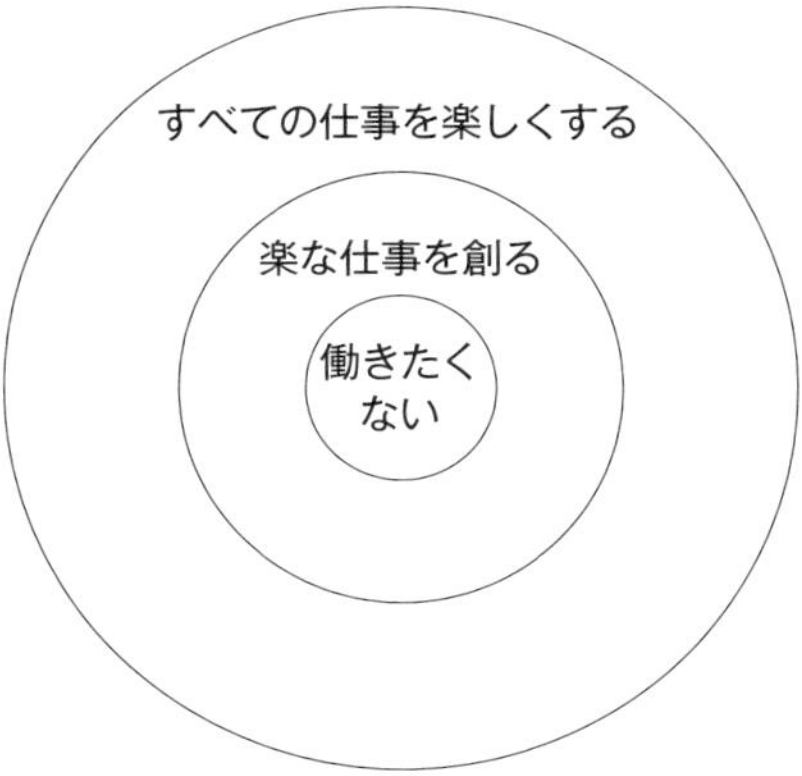

出所：筆者作成

ンに変換するのはおそらく無理だろうと思っていました。しかし彼は、働きたくないというわりには、大学に一応は通っていて、講義を静かに聴くくらいの熱意は持っていました。

　そこで彼に未来創造の円形を作成して発表してもらった結果がこの図です。中心にはやはり「働きたくない」という欲望があります。もし、この欲望を本当に「ヒモになること」によってかなえてしまうと、配偶者なり交際相手なりから時間とお金を奪っていることになります。やはり誰かから何かを奪う世界に身を置いているわけです。

　しかし、彼はこれを奪うから創るへと第一変換して「楽な仕事を創る」という目標を見つけました。彼は「市議会議員にでもなろうかな」と冗談を飛ばしていました。本当は議員だって忙しいでしょうし、ごくまれに暇な議員もいるでしょうけれど、そんな気持ちで政治に関わって欲しくはありません。つまり、このままではまだ利己的すぎるのです。

これを第二変換すると、「すべての仕事を楽しくする」に変わりました。筆者の講義を受けた後でしたので、筆者のビジョンとも近いものがあります。しかし、ビジョンは別に独創的でなくてもかまいません。少しだけ彼の目つきが変わったように思いました。

驚くべきはその1年後です。その大学でまたしても講義を頼まれたときのことでした。1年前に受講した彼が教室に現れて就職の報告をしてきたのです。しかも、「すべての仕事を楽しくする」というビジョンを実現できそうなコンサルティング業界への就職を決めたというのです。ヒモになりたいという欲望から、コンサルティング業界でバリバリ働くという決意へと、大きな一歩を踏み出したわけです。

筆者は企業研修や講演・講義等で、この未来創造の円形を実際に作ってもらうという課題を課すことがあります。すると、どんなに私的な欲望を持っている人でも、多少の補佐をすれば必ずと言っていいほど誰もが共感できるビジョンを生み出せます。たとえば、「豪邸に住む」という欲望を持っているという人が、「住宅地を増やす」へと第一変換し、さらに

図 3-4　未来創造の円形の使用例③

出所：筆者作成

「土地を有効活用する事業立案」へと第二変換するといった具合です（図３‐４）。

ほかにも「好きな人と結婚したい」という欲望を二回変換して、最終的に「誰もが美しく生きられる世の中にする」というビジョンを見《み》出《いだ》した人もいました。この例は非常に面白かったのですが、物議をかもす内容でしたので、第一変換でどうなったのかといった詳細は省くことにしました。

会社経営における未来創造の円形の活用方法

未来創造の円形は、個人だけでなく、組織の欲望もビジョンに変えられます。たとえば架空のＩＴ企業の例を考えてみましょう。そのＩＴ企業は「売上30億円を達成する」という欲望を持っていたとします（図３-５）。30億円というのは、起業家からすれば上場するのに十分な売上規模です。大企業の新規事業としてもまずまずの成功といえる規模でしょう。

単に売上30億円を達成したいというだけであれば、すでに売上が30億円以上あるか急成長していて売上30億円に早晩届きそうな企業を探して、その会社の真似をするのが一番手っ取り早いでしょう。まさに奪い合いの世界です。

悲しいことに、お金儲《もう》けが目的と化してしまっている起業家の場合は、確実に儲かる似たような分野で起業しあいます。また、大企業にしても、新規事業において絶対に失敗できないという圧力がかかると、「大企業のブランド力と資金力を使って、すでにあるベンチャー企業と同じことをする」ようになるのです。奪い合いの世界から脱せないために、大企業がせっかくのベンチャー企業を潰《つぶ》してしまうような事態が起こります。

ここで、未来創造の円形を使ってみればどうでしょう。「売上30億円」という欲望を、まずは奪うから創るへと第一変換する。すると「ＩＴ未活用現場をＩＴ化」することで30億円分の新市場を創り出すという目標に変わります。奪い合いから一歩抜け出せました。しかし、これだけだとまだお客さんが付いてこないでしょう。

ですから、次に「ＩＴ未活用現場をＩＴ化」という目標をさらに利己から利他へ第二変換

図 3-5　未来創造の円形の使用例④

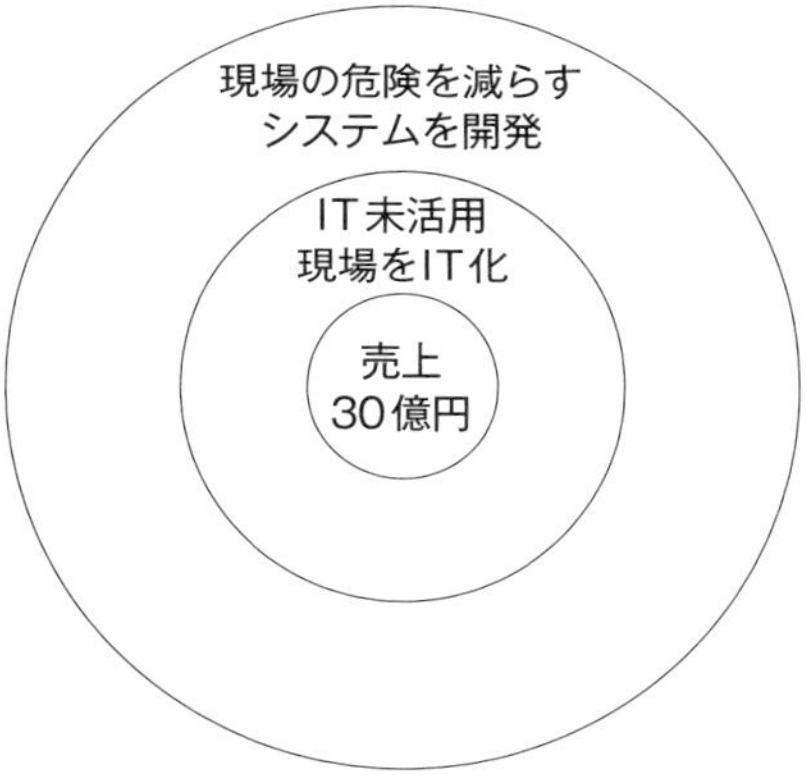

出所：筆者作成

します。すると、「現場の危険を減らすシステムを開発」するという目的・ビジョンを見つけ出すことができるかもしれません。生産現場や建設現場など、３Ｋ（キツイ、キタナイ、キケン）と言われている現場から危険性をなくしていくようなシステムです。これならお客さんも社会も納得して応援してくれ、結果として売上も付いてきます。

するどい方はもう気が付かれたかもしれません。未来創造の円形は「売り手よし、買い手よし、世間よし」の三方よし経営を実現する方法でもあります。

繰り返しますが、未来創造の円形は、個々人の人生における欲望をビジョンに変えることも、組織や団体の業務上の欲望をビジョンに変えることもできるのです。

未来創造のための3ステップ

ここでもう一度おさらいしておきましょう。次のページの三重丸（図3‐6）に、実際にペンで書き込みをしてみてください。本書は単に読むだけでは意味がありません。この本は東洋的な知行合一、つまり「知っているということは、実際にできるということだ」という思想に支えられています。ですから、読者のみなさまもどうか一緒に実際にページに書き込みをして、知行合一を実践してみてください。

それでは一つずつ一緒にステップを踏んでいきましょう。

ステップ1　まずは円の真ん中に欲望を書き込んでみてください。自分の根源的な欲望です。他人に知られたくないことが多いでしょうから「R」や「RNN」みたいにアルファベットの頭文字でもかまいません。働きたくないなら「H」や「HTN」、豪邸に住むなら「G」や「GST」、売上30億円なら「U」や「USO」など自分にだけ分かれば大丈夫です。

図 3-6　実践ワーク：未来創造の円形

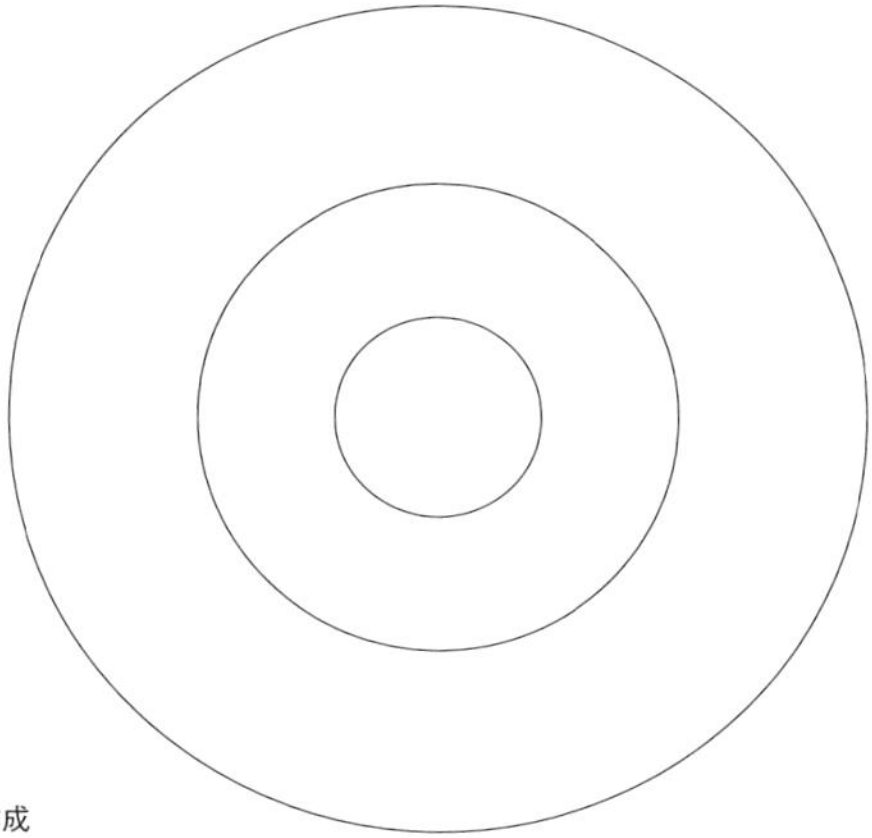

出所：筆者作成

ステップ2

次に第一変換をおこないます。円の真ん中に書き込まれた欲望に真摯《しんし》に向き合います。これは誰かから何かを奪っているのではないかと自問自答してみてください。むき出しの欲望はほとんどの場合に奪い合いの発想です。これを「奪うから創るへ」という意識で、自分の欲望を満たせる状態を創りだすにはどうしたらいいか考えてみてください。答えが見つかったら真ん中の円の一つ外側の領域に答えを書き込んでみてください。

ステップ3　第二変換をおこなっていきます。第一変換によって少しは大きくなった円は、最初の欲望よりはよほどまともで他人に言えるものになっているのではないでしょうか。それでも、まだまだこの円でさえ小さすぎます。おそらく、ほとんどの人は利己的な円にとどまっていると思います。そこで欲望を第一変換した後の目標を眺め、「利己から利他へ」と脱皮するにはどうすればいいか自問自答してみてください。他者目線で、他者から応援されるにはどうすればいいか考えてみるわけです。

こうしてむき出しの欲望が目標へと変わり、最終的にそれがビジョンへと変換されます。欲望→目標→ビジョンという2個の矢印がそれぞれ第一変換と第二変換だったわけです。なお、価値創造三種の神器のすべてに共通しますが、慣れてくれば紙に書く必要すらありません。これらを頭の中で使いこなすことも可能です。

この本を読みながら、この場で未来創造の円形を埋められたという方は、今度はぜひ周囲にこの方法を教えてあげてください。欲望から二回変換してビジョンにする。慣れてくれば非常に簡単です。

本書は読者の皆様を価値創造の実践者であり教育者と考えています。本はただの媒体にすぎません。大事なのは、ここで紹介する思考道具が実際に組織や社会で普及することです。そして、最終目的は誰もが価値有限思考と奪い合いという「苦しさ」から抜け出すことにあります。ですから、ぜひとも実践と普及という活動に読者の方々にも参加していただきたいと思っているわけです。

未来創造の輪を広げる

ここで、未来創造の円形を誰かに教える際のいくつかのコツを共有しておきます。これは一対一の友人同士でも、職場の仲間との小規模な勉強会でも、組織内での大規模な研修でも基本は変わりません。

基本的には先ほどのステップ1、2、3、を順に進めていきます。このとき、実際に手を動かして書き込みをしてみることが大事です。集合研修であれば、誰か一人に前に出てもらって、ホワイトボード等に大きな未来創造の円形を描いてもらうのもよいでしょう。

そして、欲望をそのままもしくはイニシャルで書いてもらったら、第一変換前に「その欲望は誰かから何かを奪っていませんか？」と問いかけてみてください。その後に、第一変換に取り掛かります。第一変換後の目標は他者に見せても恥ずかしくないものがほとんどですが、どうしても恥ずかしいという場合はこれもイニシャルで書いてもよいでしょう。

そして、この目標を一緒に眺めてみて「これは本当に利己的じゃないですか？　利己的な心が残ってませんか？」と問いかけてみてください。その後に第二変換をおこないます。

こうして生まれたビジョンは誰に見せても立派なはずですから、ビジョンはイニシャルで書かずに、正々堂々と全文を書き切りましょう。そして、そのビジョンを互いに見せ合ってもらいましょう。

なお、個々人や組織・団体の欲望は時間とともに変化していきます。ですから、未来創造の円形は定期的に更新していくことをオススメします。

他者とともに目指せる未来を提示できなければ、人と人とが創り合いへと一歩踏みだすことはできません。だからこそ、本章の疑問は「どうすれば他者と創り合える未来をひらけるか？」というものでした。そして、その答えは「欲望→目標→ビジョン」への二回変換にあるというわけです。その上で、未来創造の円形という思考道具を提案しました。

しかし、こうして他者と一緒に目指せるような未来が見つかったとしても、未来に向かって日々の問題を一つずつ解決していかなければ、理想の未来は実現できません。目的地が決まったならば、次は一歩一歩その目的地に近づいていく必要があります。

そして、未来を実現するための具体的な活動を進める中で生じる問題は、根本的にはすべて人間同士の対立に原因があることが分かります。第二章でも指摘した通り、私たちが生きているのは「人間から見た世界」です。人間がどんなに価値創造を実現しようとも、動植物にとっての世界は変わりません。人間が人間同士で価値あるものをめぐってもがき、人間が勝手に地球に所有権を設定して奪い合いをおこなっているのが、この世界であるということです。

価値の奪い合いであれ創り合いであれ、人間の世界における活動が問題なのです。そのため、そこで生まれる激しい衝突のすべては人間関係の問題ということになります。

次なる問題は、他者との対立はいかにして乗り越えられるのか、ということになるでしょう。他者と一緒に目指せる未来は見つけられる。それでも、未来ではなく現在この瞬間では対立することだってある。ならば、現在の対立を創造的・建設的に解消していく手はあるのか、ということです。

ここで、「分断」は対立を解消する努力を放棄して相手を排除する状態を指します。分断は差別やときに殺人までも生み出す悪徳です。これに対して「対立」は創造的・建設的な方向で解消することも可能です。むしろ、この意味での創造的対立は社会にも組織にも必要不可欠だとさえいえるでしょう。なぜなら、対立があるからこそ新しい視点での議論ができ、革新的なアイデアが生まれるためです。
それでは、対立はいかにして創造的に解決できるのでしょうか。

第四章　どうすれば対立は乗り越えられるのか？

他者とともに創り合える未来を見つけられたとしても、その未来の実現のためには乗り越えるべきハードルがたくさんあります。そして、そのハードルのどれもが、結局は人間関係における「対立」に由来します。

機械や自然をめぐる対立も、機械や自然に対して所有権を持つ「人間同士の対立」です。機械や自然自体は、少なくとも現段階では人権を持ちません。機械や自然が人間を脅かすことはあっても、人間が機械や自然に対して「君（機械や自然）はどうしてこんなことをするんだ」と怒ることはありえないでしょう。

対立は、人間としての認識と人権を持つ人間同士でしか起こらないのです（もっとも、ロボットが自己認識と人権を持てば別です）。

他者と一緒に目指せる豊かな未来を想像・創造した後は、その未来を実現するために多くの資源を動員していく必要があります。資源を持つ人たちを仲間にひき込んでいかねばなりません。その過程で多くの対立を乗り越える必要があるわけです。

人が生きているかぎり対立がなくなることはありません。別の場所に生まれて、別の育ち方をして、別の身体を持っている人間同士が対立しないほうがよっぽど変です。

もしも、なんらの対立も生まれない社会があったとすればどうでしょう。その社会は全体主義で一つの思想に染まり切っているか、人間が自分の力で考えることをやめてしまった機械のような社会だといえます。それに、対立が生じるということは、人々の思考に多様性があるということです。多様性があるということは、思考における突然変異と自然淘汰《とうた》が起きる余地があり、社会が進化する可能性があるということでもあります。

そう考えてみれば、対立のない社会は進化の可能性を捨てた「死んでいる社会」です。人間が社会的な動物として生きていくためにも対立は必要だといえます。

対立と分断の境目

とはいえ、対立は乗り越えられる（昇華できる）からこそ意味があるのです。誰もが対立を乗り越えるという努力を放棄してしまえば、対立は「分断」へと変化してしまいます。分断とは、誰もが対立を肯定的・創造的に捉《とら》えることをあきらめて、社会を「こっち側／あっち側」と二つに分けて、特定の人たちを排除しはじめる状態を指します。

対立している相手との対話を避けて、「相手を消してしまえば対立そのものがなくなる」という幼稚な論理が分断です。社会が分断状態になると、行きつく先は虐殺か戦争かということになります。分断を煽《あお》る言説は頭を使わなくていいので楽です。自分が他者の生殺与奪権をにぎっているように錯覚して気分がいい人もいるでしょう。

しかし、分断は（特定集団を排除することで）社会から多様性をなくすわけですから、社会を進化させません。それどころか、人間の数を減らそうとするため、社会全体をどんどん縮小させていきます。人間は動物であって、動物にとっての善とは繁殖だということを踏まえれば、分断は人間の本能にも反している行動だといえます。

だとすれば、対立を創造的に解消していく力を誰もが持ち、分断を避けていくことが大事でしょう。対立を解消していく創造性を持つのは簡単ではないと思われるかもしれませんし、他者との対立を上手《うま》く解決できるのは、生まれつきの天才だけだと思う人もいるかもしれません。

でも、そうではないのです。

対立を創造的な形で解消していき、誰もがあっと驚くような問題解決を導くための思考道具が存在します。これを筆者は「問題解決の三角形」と呼んでいます（図４‐１）。

問題解決の三角形と制約理論

問題解決の三角形は、元々は世界を席捲《せっけん》した日本の経営技術であるトヨタ生産方式から発展させたものです。

図 4-1 「問題解決の三角形」の基本

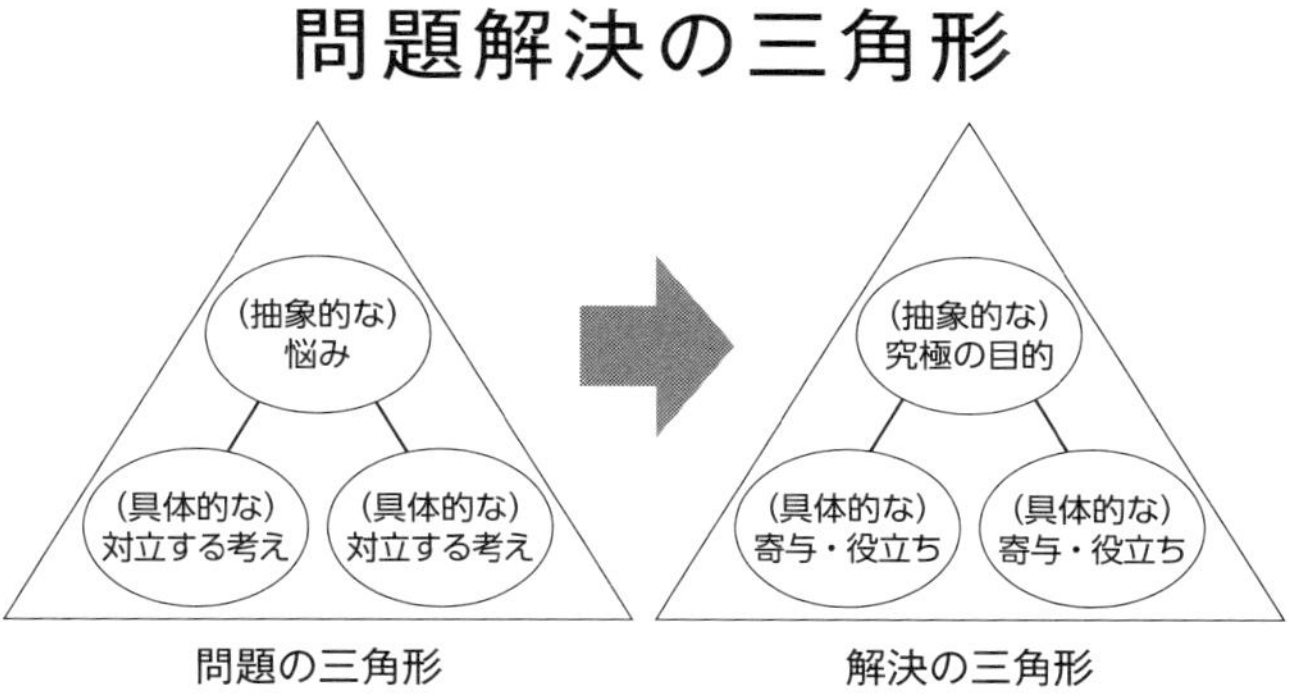

出所：筆者作成

トヨタ生産方式には常に「究極の目的はなんだったのか？」を問い直すメカニズムがあります。この経営技術をあらゆる場面の問題解決に応用したのが、エリヤフ・ゴールドラット博士の制約理論・制約条件の理論（Theory of Constraints, TOC）でした（『ザ・ゴール：企業の究極の目的とは何か』『ザ・ゴール2：思考プロセス』ダイヤモンド社）。制約理論はアパレルブランドZARAを急成長させた立役者としても知られ、世界中で成果を上げ続けている経営技術だといえます。

トヨタ生産方式や制約理論といった実績が確かな経営技術の本質的な要素を抜き出し、誰でも使えるように筆者自身の手で簡易化したのが問題解決の三角形です。この手法の源流は数多くの実績を上げ続けています。ですから、問題解決の三角形で誰もが問題解決の達人になれるという実績と根拠があるわけです。

なお、これらの経営技術を源流に持つとはいえ、これらを簡易化する過程で問題解決の三角形の知財権は筆者に移っています。そのため、筆者がここで未来創造の円形と同様に問題解決の三角形の一切の知財権を放棄すると宣言すれば、誰もが自由にこの思考道具を使うことができます。会社の集合研修で共有するのも、友人知人と共有するのも、この思考道具を使って日々の仕事の問題を解決するのもすべて自由です。

それではさっそく問題解決の三角形を使いこなしてみましょう。次にみるように、問題解決の三角形は「問題の三角形」を「解決の三角形」へと変換する思考道具です。第二章で少しだけ先取りしたことを覚えていらっしゃるでしょう。

未来の実現を阻む問題のすべては人間関係の対立から生じると述べました。私たちは人間の世界に生きていますから、人間としか対立できないのです。そこで、目の前にある問題をまずは「あれか」「これか」の対立構造に分解してみましょう。

問題は難しいものでなくてかまいません。職場における意見対立だとか、友人との喧嘩《けんか》の原因だとか、夫婦喧嘩の理由だとか。何でも大丈夫です。繰り返しますが、問題解決の三角形は筆者の思いつきではありません。トヨタ生産方式と制約理論という、数多くの大組織の問題解決を導いた実績をもつ経営技術を簡易化したものです。ですから、会社経営における重大な決断や、政策的に難しい国家運営の問題にも問題解決の三角形が利用できます。

問題の三角形から解決の三角形へ

自分が抱える抽象的な悩みや問題を「〇〇するか」「〇〇しないか」という対立構造にまずは整理してみます。これが「問題の三角形」です。そもそも対立に分割するまでもなく「〇〇するか」「〇〇しないか」という悩みを持っている人も多いでしょう。

たとえば友人のマナー違反行動を「注意するか」「注意しないか」。あるいは新規事業に「投資するか」「投資しないか」。こうした具合です。

多くの人は問題解決の三角形における左側の「問題の三角形」しか見えていないために、対立を解消できません。「あれか」「これか」という両立不可能な世界で思考を閉じてしまうわけです。この状態で意思決定をおこなうと、権力があるほうや声の大きなほうが自分の意見を押し通すしかありません。あるいは対立している相手を徹底的に叩《たた》いて排除するしかないでしょう。これでは対立が分断にいたります。

ここで問題の三角形を「解決の三角形」へと変換することで、対立を創造的に解決する糸口がみえてきます。そのために、まずは問題の三角形の右側に「解決の三角形」を書いてみましょう。そして、「〇〇するか」「〇〇しないか」という対立構造の「究極の目的は何だったのか?」を問い直し、解決の三角形の上部に書き込んでみます。

そして、「〇〇するか」「〇〇しないか」という対立する考えが、それぞれ「究極の目的にどう寄与するか（役立つか）」を考えてみて、二つの寄与の内容をそれぞれ解決の三角形の下部に書き込んでみてください。

こうして解決の三角形が埋まったら、以後は問題の三角形を見ないようにします。（黒板やホワイトボードに書いていたのであれば消す、紙に書いていたのならば折り曲げて隠すなどして）解決の三角形だけを眺めてみてください。すると解決の三角形に書いてある「究極の目的への寄与」同士は両立可能だと気づかれると思います。そして、これらの両立を可能にして究極の目的を実現するにはどうすればいいのか考えてみてください。すると、解決不能に見えた問題が突然解消してしまいます（図4-2）。

ここで、いくつか具体的な問題を解決してみましょう。これらは筆者が自分自身の問題を解決したり、筆者の友人・知人が仕事や家庭の問題を実際に解決したりした例です。

図 4-2　解決の三角形と対立解消

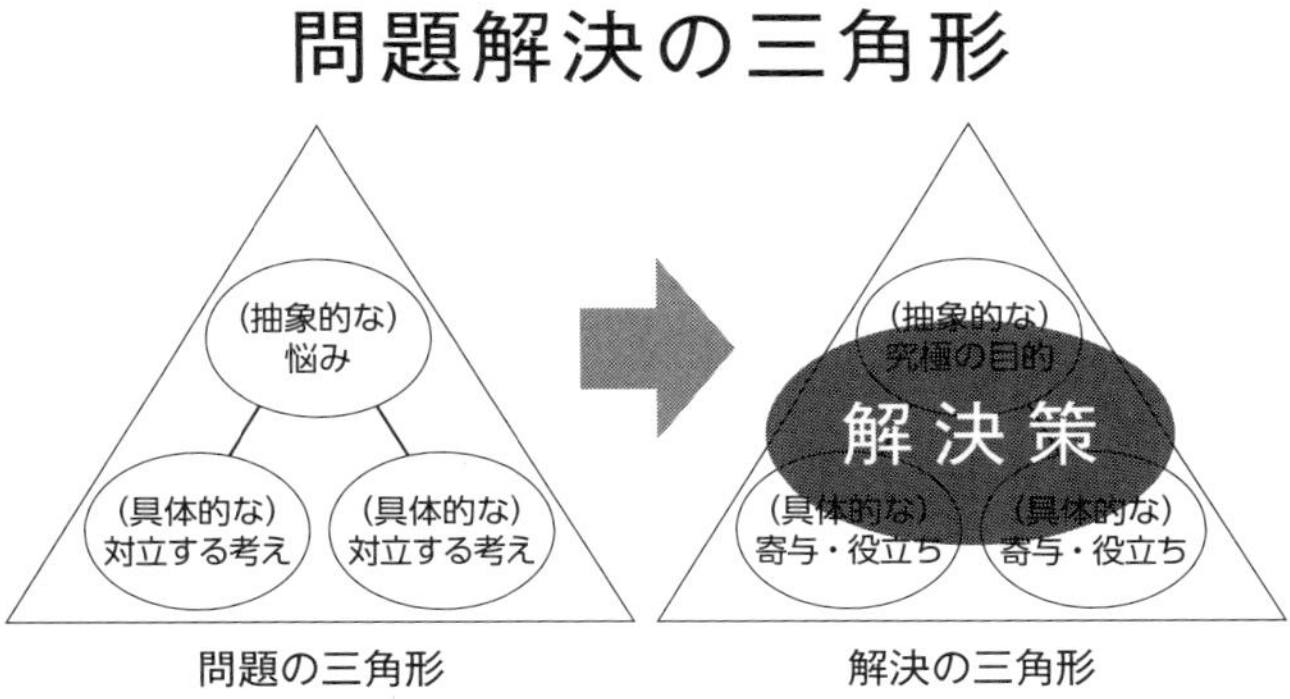

出所：筆者作成

仕事から家庭まで幅広い問題の解決例

最初はおでん屋さんの例です。筆者が、トヨタ生産方式や制約理論の問題解決手法をより簡単にできないかと、横浜野毛《よこはまのげ》のおでん屋さんで考え続けていたときの話です。

そのおでん屋さんに、「お店の運営で何か悩んでいることはありませんか？」とたずねてみました。すると「値上げをするか」「値上げをしないか」という対立する二つの選択肢で悩んでいるというのです。

2022年初頭のことでした。そう、まさにインフレが猛威をふるいはじめた時期です。覚えていらっしゃる方も多いと思います。日本が何十年ぶりの水準のインフレを経験する中で、飲食店経営者たちは値上げをするかしないかで悩んでいました。なんせ、これまでの日本はごく一部の高級店以外は「安売り競争が当たり前」でした。値上げをすると客足が離れるという恐怖があったのです。

このおでん屋さんは夫婦でお店を経営していらっしゃいました。そして旦那《だんな》さんは「値上げする」、奥さんは「値上げしない」と、真っ向から意見が対立していたのです（図4-3）。

まず「インフレで飲食店経営が厳しい状況にある」という漠然とした悩みが、具体的には「値上げする」「値上げしない」という対立構造から生まれていると分かりました。そこで筆者は次に「対立の究極の目的は何か？」とおでん屋さん夫婦に聞いてみました。二人ともが目指している共通目的を探るわけです。

すると「お店を続けられる」というのが究極の目的だと二人は言いました。そこで、次に「お店を続けられる」という究極の目的に対して「値上げする」「値上げしない」という手段がそれぞれどう寄与しているのか考えてもらいました。その結果、「利益率を維持できる」「常連さんを逃がさない」という二つの寄与が発見されました。

値上げする→利益率を維持できる→お店を続けられる。これは論理的に正しいわけです。値上げしない→常連さんを逃さない→お店を続けられる。これも論理的に正しい。どちらも論理的に正しいから一歩も引かなかったのです。

しかし、解決の三角形をみてみると、「究極の目的への寄与同士」なら両立できそうです。

図 4-3　問題解決の三角形の使用例①

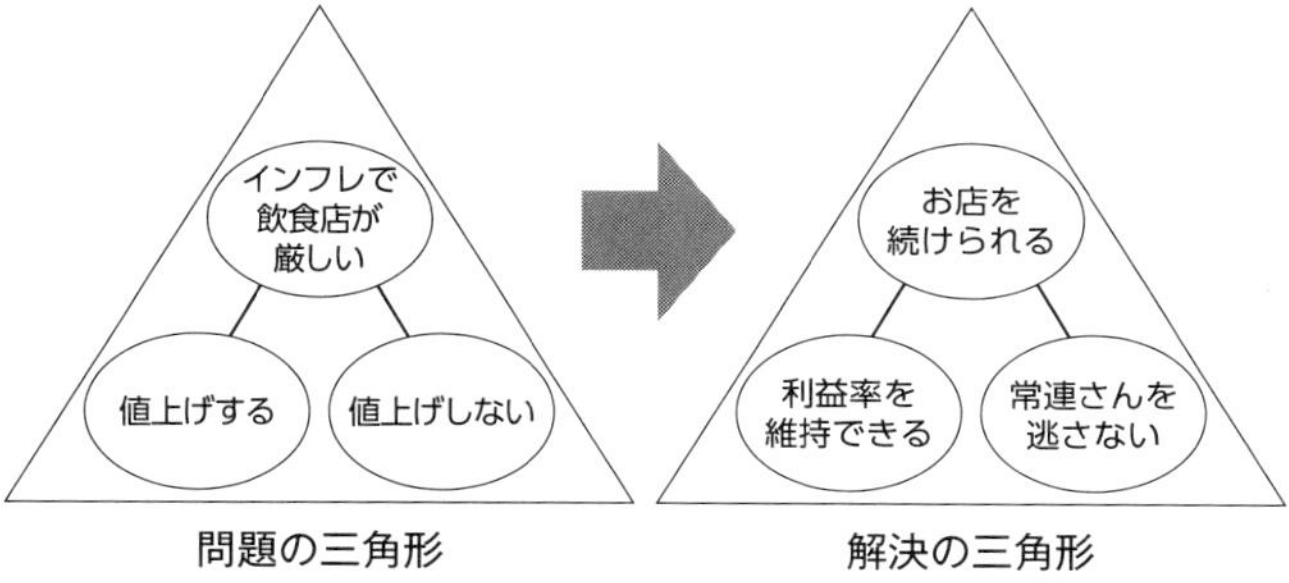

出所：筆者作成

具体的には「利益率を維持できる」「常連さんを逃さない」の二つは両立できるかもしれません。「値上げする」「値上げしない」という手段同士は「あれか」「これか」で両立不可能です。でも、手段に振り回されずに究極の目的への寄与だけを考えれば、両立の道が見えてくるのではないでしょうか。

お店を続けるために、常連さんを逃さずに利益率を維持する方法がないか。これを考え続ければいいわけです。結果的に、「インフレでどこも値上げしているから、値上げしても常連さんは逃さない」ということで「値上げする」という結論に落ちついてもかまいません。

このおでん屋さんの場合は違いました。

解決の三角形を眺めているうちに「値上げせず、ネット広告をすべて削減して利益率を維持し、広告の代替案として常連さんにSNS拡散を手伝ってもらう」という解決策を見つけました。客席に「うちはインフレに負けません！　値上げしません！　かわりに広告費がなくなったので、このお店いいねと思ったらSNS拡散お願いします……（泣）」というポップを置くようにしたのです。

周辺のお店がどこも値上げしている中でこの対応です。当然ながらお客さんが殺到するようになりました。このおでん屋さん、いまでは大人気店になって、近隣に三店舗を展開するほどのお店になりました。

問題解決の三角形は小さな飲食店だけでなく、大企業の中堅・ミドル層にとっても武器になります。たとえば製品開発における次のような悩みです。

とある製品の「ボディの鉄板を薄くする」「ボディの鉄板を厚くする」という対立があったとしましょう（図4‐4）。製品は車でもパソコンでもかまいません。この手段二つは両立不可能です。技術者同士の対立はときに関係修復が不可能なほど激化します。筆者はＩＴ系スタートアップを学生起業しましたが、その際に天才技術者同士が一歩も引かず喧嘩別れしてしまう様子を何もできずに見ていたことがあります。技術者同士どちらも論理的に正し

図 4-4　問題解決の三角形の使用例②

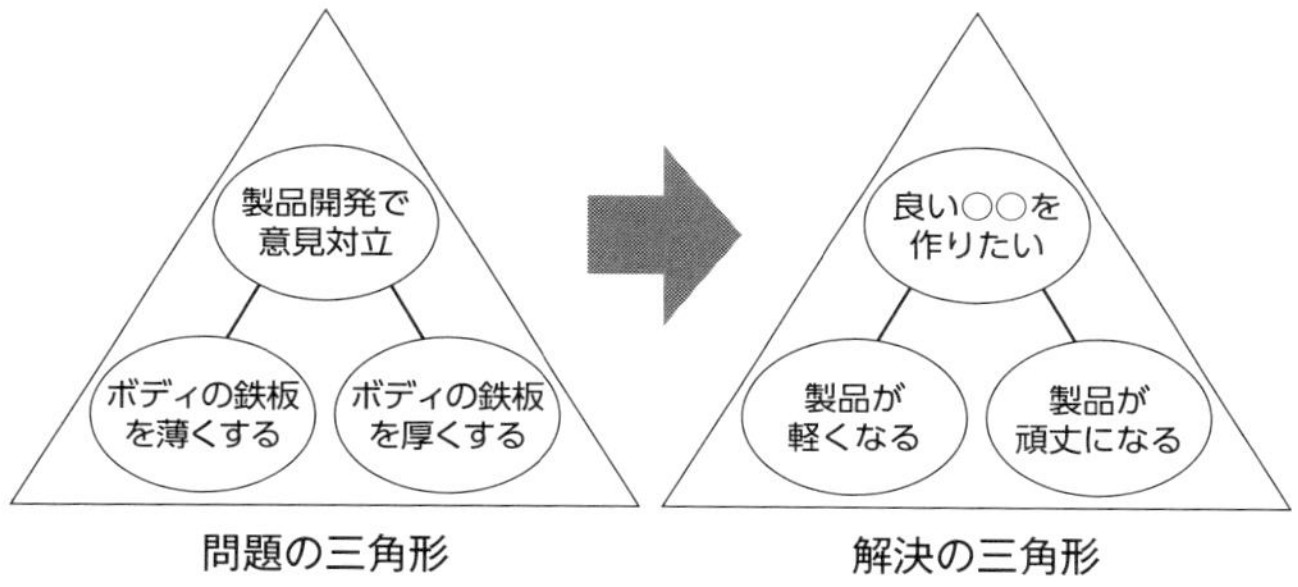

出所：筆者作成

いからこそ、相手を批判し罵《ば》倒《とう》することになってしまうのです。

しかし、この悩みの状況が「そもそも何を目指していたのか」「究極の目的は何か」を考えれば、良い車や良いパソコンを作るのが目的だと気が付けます。そして、究極の目的に対して「製品が軽くなる」「製品が頑丈になる」という寄与を見《み》出《いだ》せます。この解決の三角形を眺めていれば何かアイデアが浮かんでこないでしょうか。

たとえば鉄という原材料にこだわらずにカーボン繊維を使うというのも手でしょう。カーボン繊維が高価すぎて使えないという別の問題が発生するかもしれません。それでは、鉄板を薄くしつつ折り曲げ方を変えてみて強度を担保するのもありかもしれません。形が変われば強度も変わります。これでもだめなら……いくらでも解決案を出せばいいのです。

一個一個の解決案はとるにたらなくてもかまいません。両者が納得するまで解決案を出し続けることこそが大切なのです。

本書では、人間の脳みそを「価値ある問題解決を生み出せる油田」と捉えていました。問題解決の三角形という思考道具をインストール（導入）するということは、脳みそという油田を掘削するのと同じです。あとは湧き出る解決案の数々を精製してより良いものに変えていけばよいだけでしょう。

今度は家庭の問題をみていきます。家庭だって組織であり共同体です。ですから家庭も当然ながら大事な経営現場です。

とある企業の幹部研修で「今の悩みを書いてみてください」という課題を出したときのものです。ほとんどの方が仕事上の悩みを書いておられる中で、家庭の悩みを書いておられる方がいらっしゃいました。なんでも、お子さんが高価なゲーム機をせがんできて困っているというのです（図4-5）。

ようするに「ゲーム機を買う」「ゲーム機を買わない」という対立に悩んでいる。ここで、

図 4-5　問題解決の三角形の使用例③

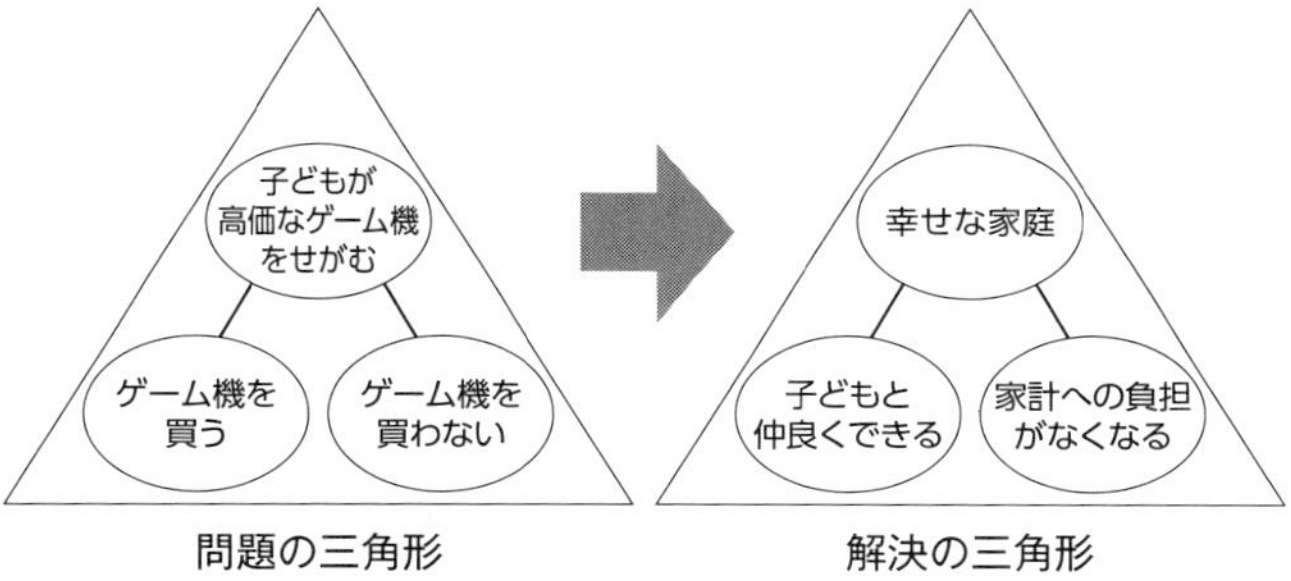

出所：筆者作成

読者の皆様はお気づきになられたかもしれません。問題解決の三角形は人間関係における対立を問題解決へと導く思考道具です。そして、この対立は「自分一人の中での対立」でもよいということです。自分ともう一人の自分との対立と表現することもできます。

　ゲーム機を買うか買わないかの対立は親と子どもの対立でもあり、ゲーム機を買う自分と買わない自分の対立でもあります。このように考えると、問題解決の三角形の汎用《はんよう》性はさらに高まります。怒るか／怒らないか、言うか／言わないか、賛成するか／反対するか……人生は、自分ともう一人の自分の対立だらけだからです。

　この対立の究極の目的は「幸せな家庭」

でした。

そして、「ゲーム機を買う」「ゲーム機を買わない」という手段は、究極の目的に対して「子どもと仲良くできる」「家計への負担がなくなる」という寄与をそれぞれ持っています。この解決の三角形を眺めてみて、どんな問題解決方法を思いつくでしょうか。子どもと仲良くしつつ、家計への負担もなくなり、幸せな家庭を実現する。どうすればいいでしょう。解決策は無限にあります。読者の皆様もぜひ一緒に考えてみてください。

この方の場合はどうだったか。「家の中の不要品を集めて、子どもと一緒にフリーマーケットに出店して、ゲーム機代を稼ぐという活動を提案する」という解決策を思いついたそうです。もちろん、もしもゲーム機代を全額は稼げなくても、「よく頑張ったね」と最後は差額を出してあげる覚悟です。これだと、単にゲーム機を買い与えられるよりも、子どもはよっぽど親に感謝することでしょう。

問題解決の練習問題

ここからはエクササイズをしてみましょう。

問題解決の三角形で各自が解決策を出す練習をします。筆者が研修や講演等で実際に問題

図 4-6　問題解決の三角形をもちいた頭の体操①

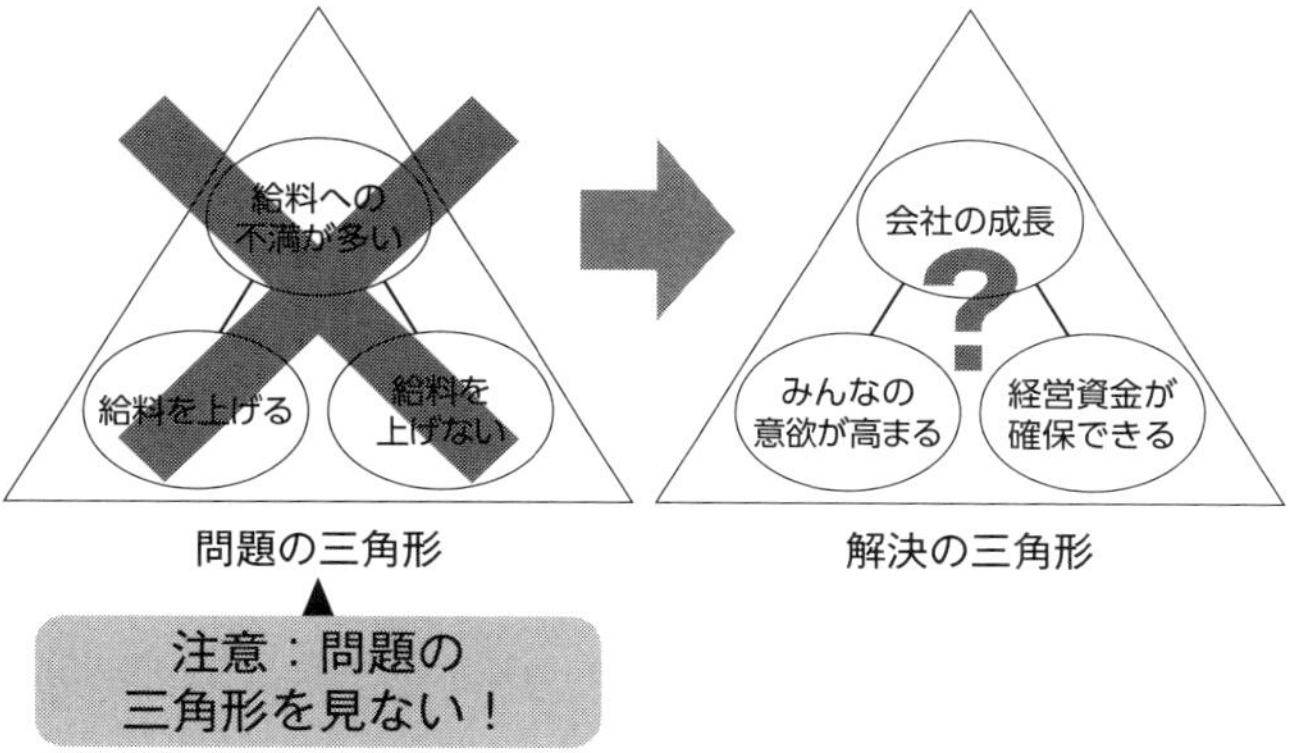

出所：筆者作成

解決していただいた例を、これからいくつか挙げていきます。これらは問題解決の三角形がすべて埋まった状態でお見せします。解決の三角形を眺めてみて、ぜひ自分なりの解決策を考えてみてください。ちょっとした頭の体操です。

まずは会社経営の例。「給料を上げる」「給料を上げない」という対立があるとします（図４-６）。社長の頭の中での自分ともう一人の自分との対立でも、社長と従業員の対立でも、どちらを想定してもかまいません。

ひとまず究極の目的は「会社の成長」としましょう。会社の成長より大事なことはたくさんありますがあくまで例題です。解決の三角形を眺めてみて、みんなの意欲が高まりつつ、経営資金が確保できて、会社も成長するようなアイデアが浮かんでこないでしょうか。

頭の体操ですから、ここで立ち止まっていただき、ぜひ良い解決策が出るまで考えてみてください。どんどんページをめくってしまわずに、実際に解決策を出してみることが大切です。

……どうだったでしょうか。

もうすこし例題を解いてみましょう。

先ほどは会社経営の例でしたから、今度は家庭経営の例です。高級品を欲しがる少しだけワガママで浪費家な奥さんとの夫婦喧嘩の場面です。実は、大切な配偶者をワガママだとか浪費家だとか断罪すること自体が、夫の価値創造能力不足だったのかもしれません。これは自戒を込めて心から思います。といっても、妻の名誉のためにも、この例はフィクションだと申し上げておきます。さて、ここでの対立は「ブランド装飾品を買う」「ブランド装飾品を買わない」というものです（図4-7）。

どうでしょうか。解決の三角形だけを眺めるようにしてみると何か思いつかないでしょう

図 4-7　問題解決の三角形をもちいた頭の体操②

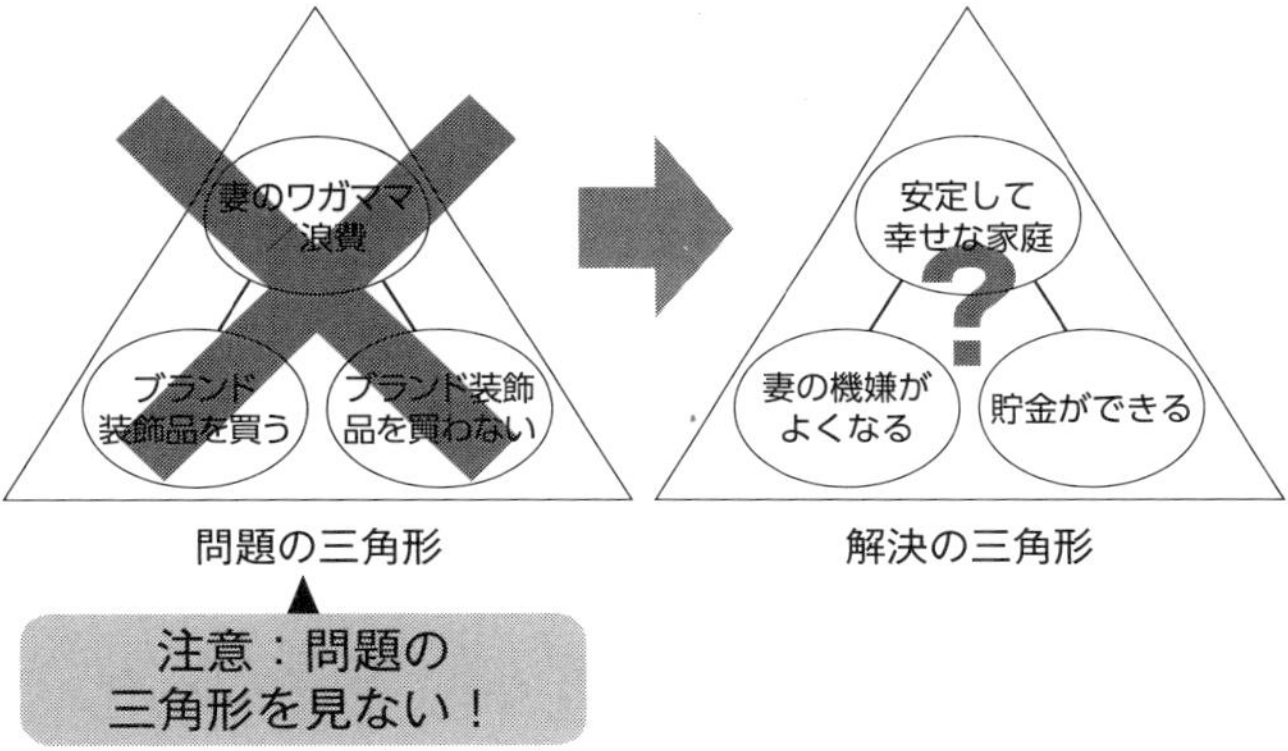

出所：筆者作成

か。

最後はとある書店の例です。おでん屋さんから書店まで、家庭から大企業まで、どんな場所にも問題解決の三角形が使えることが分かるでしょう。

この書店では「新刊を平積みする」「新刊を平積みしない」という対立がありました（図4-8）。書店経営は本当に大変な時代です。同様の悩みは規模にかかわらずどんな書店にもあることでしょう。究極の目的は「書店が生き残る」ということです。解決の三角形を眺めてみて何か解決案を思いつかないでしょうか。

この三つの例題はどれも実際に筆者が解

図 4-8　問題解決の三角形をもちいた頭の体操③

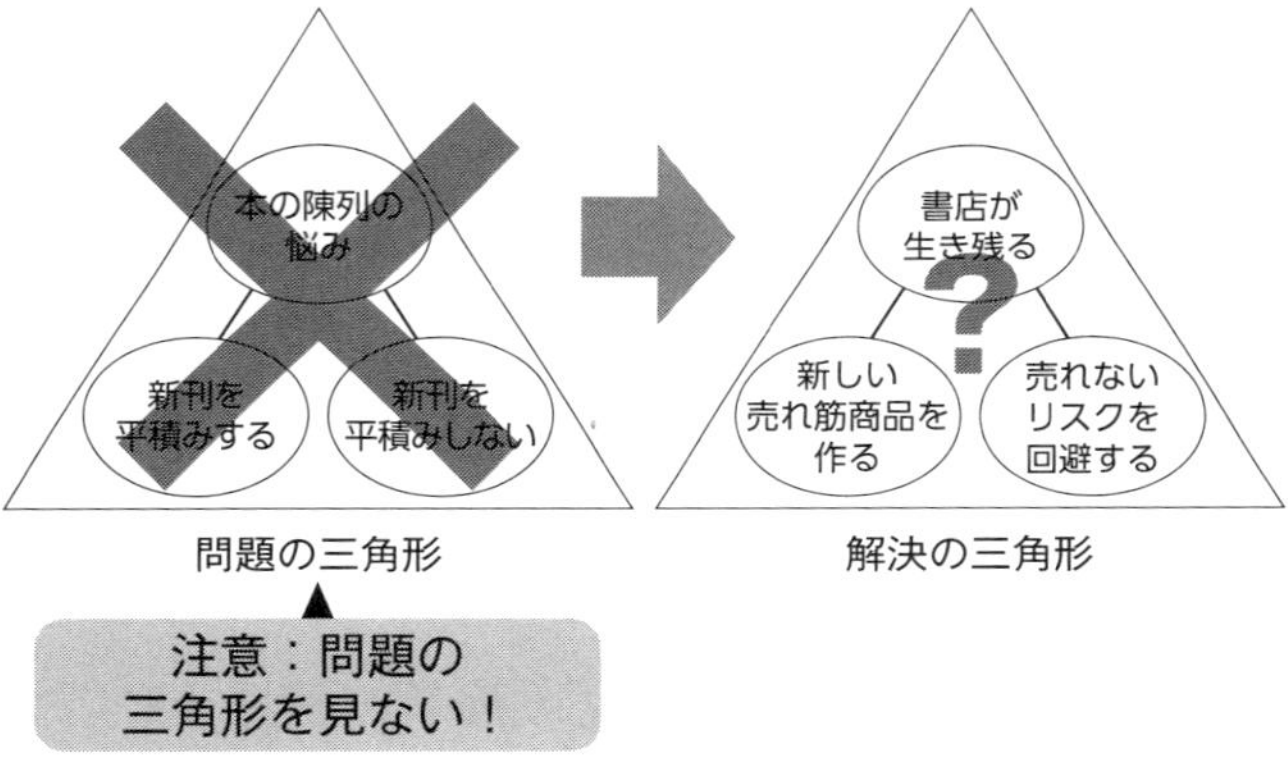

出所：筆者作成

決の場面を目の当たりにしたものです。

実際に出てきた解決策は、第一の会社経営の悩みにおいては「従業員全員にストックオプション（自社株購入権）を配る」でした。第二の家庭経営の悩みにおいては「換金性の高いブランド装飾品を買う」。第三の書店経営の悩みにおいては「新刊平積みスペースに平積みする権利を著者に売る」という解決策が出てきました。これ以外にも解決策は山ほどありえます。

すべての問題に共通する「究極の目的」

この三つは筆者が目にした中でも特に解決が難しそうに思えたものでした。それでも問題解決の三角形を使って何度も何度もしつこく考え続ければ、どんな対立も必ず解決の糸口が見つかります。

なぜ「必ず」なのか。それは誰もが同じ究極の目的を持っているからです。一般的には、人間の集団において共通目的を持つことは非常に難しいと思われています。しかし、実は私たちはすでに共通目的を持っているのです。

それは「幸せに生きる」という共通目的です。幸せに生きていきたくない人はいません。もちろん、他者をないがしろにして幸せになろうという考え方ではいけません。むしろ、「誰もが幸せになりたいという同じ目的を持っている仲間なのだ」と気づくことが大事なのです。

これ、すでに出てきた何かに似ていると思いませんか。そう、カント哲学における定言命法です。カント自身も、定言命法の簡易表現は「理性的な生き物はすべて道具（手段）ではなく目的である」と書いていました。理性的な生き物を誰かの目的のための手段にせず、同じ目的を目指す仲間と捉えることが善への道といえるでしょう。

ここまでで、読者の皆様も問題解決の三角形に慣れていただけたのではないかと思います。そこで最後に、自分が抱えている実際の問題を解決してみましょう。繰り返しますが、本書は実践の書です。ここで面倒くさがらずに図4-9にぜひ書き込みをしてみてください。

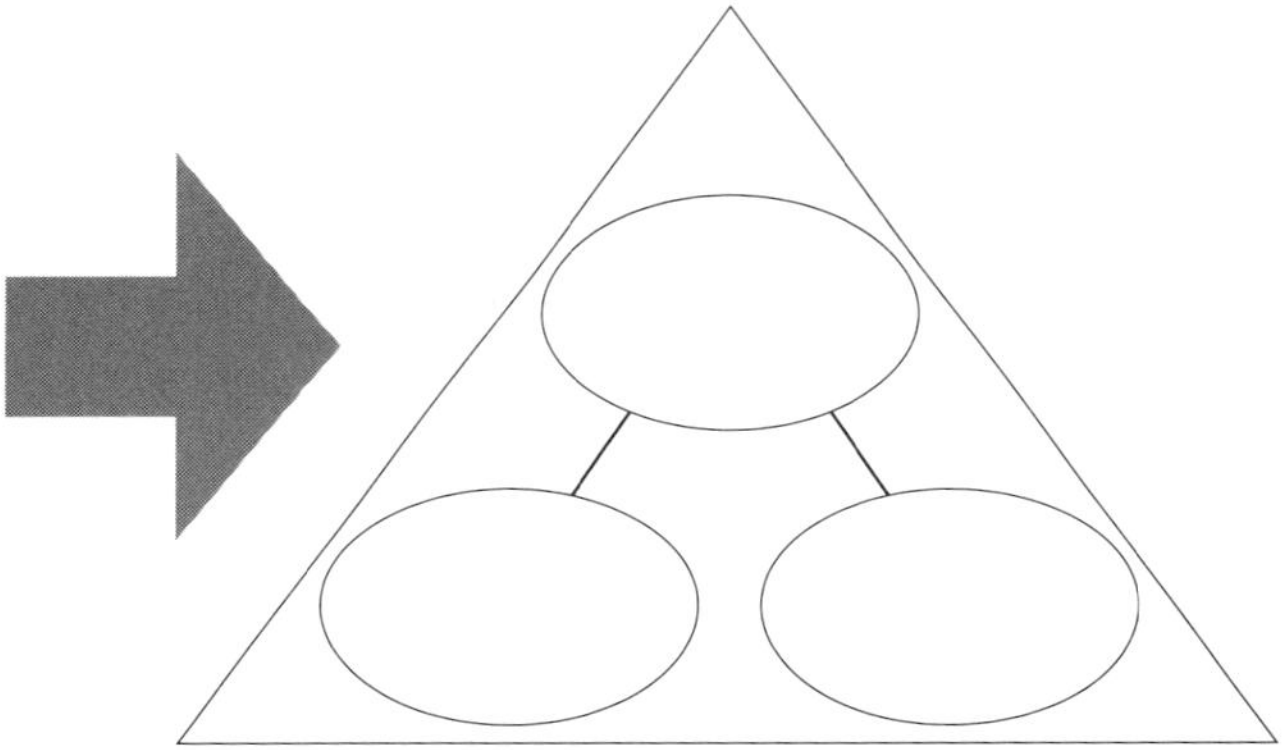

解決の三角形

問題解決のための5ステップ

ステップ1　現在あなたが抱えている悩みを、左側の「問題の三角形」の上部の楕円《だえん》の中に書き込んでください。仕事の悩みでも、家庭の悩みでも、友人関係の悩みでも大丈夫です。

ステップ2　その悩みを「○○するか」「○○しないか」という対立の形に分解して、問題の三角形の下部の二つの楕円の中にそれぞれ書き込んでください。

ステップ3　右側の「解決の三角形」の上

図 4-9　問題解決の三角形実践ワーク

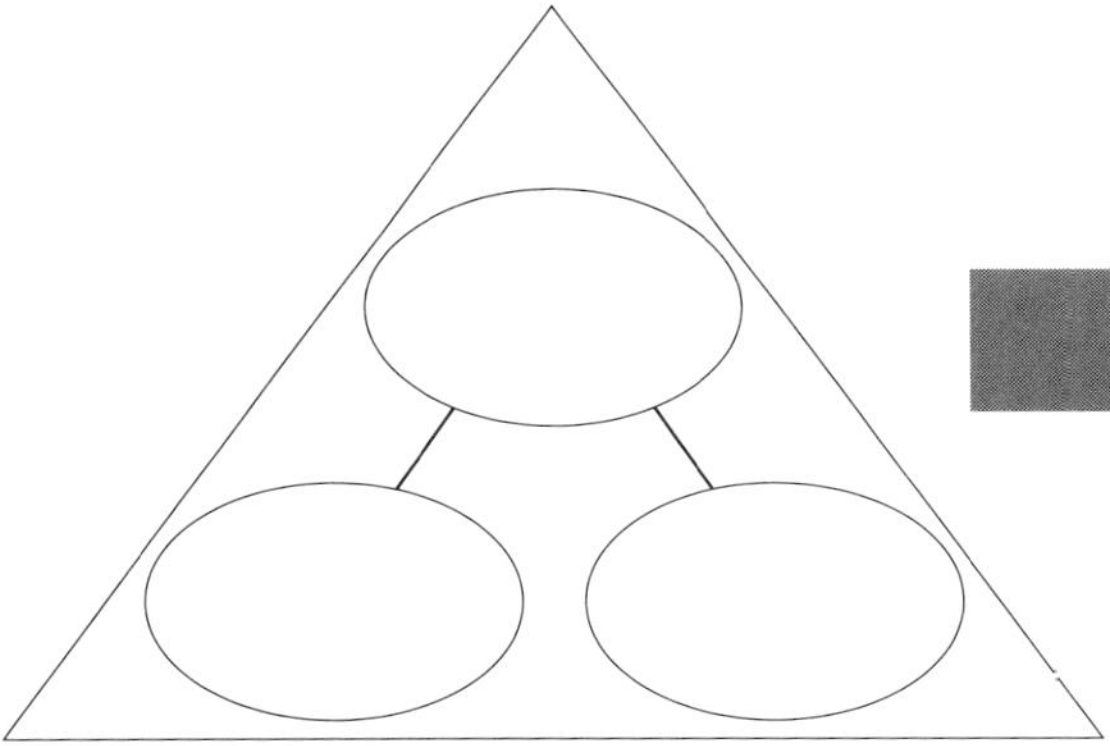

問題の三角形

出所：筆者作成

部の楕円の中に、今悩んでいる問題の「究極の目的」は何なのか書いてください。何のために悩んでいるのか。それは何のためなのか。自分は何をしたいのか。目的は何だったのか。問い直してみて、簡潔な言葉で究極の目的を書いてみてください。どうしても究極の目的を見つけられなければ「幸せに生きる」と書いてください。

ステップ4

問題の三角形に書き込んだ対立する手段の二つが、それぞれ究極の目的にどう「寄与する（役立つ）」のか考えて、解決の三角形の下部の二つの楕円に書き込んでください。問題の三角形において左下の楕円に書いた手段の寄与は、解決の三角形の左下の楕円の中に書きましょう。同様に問題の三角形における右下の楕円に書いた手段の寄与は、解決の三角形の右下の楕円の中に書いてください。

ステップ5　問題の三角形に大きな「×」をつけましょう。そして、解決の三角形だけを眺めながら、三つの楕円をすべて満たすような解決策を考えてみましょう。

どうだったでしょうか。自分の悩みとなるとなかなか簡単にはいかないかもしれません。逆に、意外な解決策が見つかって驚いたという人もいらっしゃるでしょう。

筆者の経験では、一発でこの思考道具を使えるようになられる方は、エリート揃いとされる一流企業の幹部研修でさえも、大体10人に一人くらいでしょうか。とはいえ、何回か根気よく練習すれば、社会人だけでなく中高生やときには小学生でさえも多くの人がこの思考道具を使えるようになります。

このように、対立は必ず解消できます。繰り返しますが、人間はみな「幸せに生きていきたい」という共通目的を持っているからです。共通目的を持っている限り、問題解決の三角形のような思考道具があれば、問題解決は可能になります。

ただし、問題解決のためには「すべての人は同じ目的へと歩む仲間だ」ということに気づく必要があるでしょう。そしてそれは、東洋哲学であれ西洋哲学であれ、善へと続く道への第一歩です。人間は誰もが共同体の中で生きていて、誰もが同じ目的を持っている仲間。このことに気づけるかどうかが、対立を分断に激化させるか価値創造に昇華するかの分岐点なのです。

とはいえ、日々、問題解決を繰り返していっても、自分ではどうにもならない現実に直面することもあるでしょう。本気で生きている人ほど、こうした挫折《ざせつ》を経験しているものです。せっかく未来と現在の問題を解決するための思考道具を手に入れても、自分ではどうにもならない問題を前にして心が折れてしまうかもしれません。

それでは、私たちはどうすれば前進できるのでしょうか。

第五章　私たちはどうやって進歩していけるのか？

他者と創り合える未来を想像・創造し、目の前の対立を1個ずつ解消していけば、価値あるものの奪い合いから脱する道が開けます。

しかし、これだけではまだ十分ではありません。

未来を描き、現在の問題を解決する。となれば最後は過去への対処が必要です。具体的には「もう変えることはできない過去をいかにしてプラスに変えるか」というのが本章の関心となります。

未来を設定して、その未来を実現するために一所懸命に現在の問題に取り組んでいても、どうしようもない現実の前に打ちひしがれることはあります。たとえば精神的な支柱だった父親が治るはずのガンを治療拒否して尊厳死を選んでしまった。家庭の事情と自分の将来を考えると中卒で陸上自衛隊に入る道しかなかった。学費を稼ぐために学業を犠牲にしても学生起業するしかなかった。これらはすべて筆者自身の実体験です。

もちろん、これらはすべて、戦後という大変な時期を生き抜いた方々からすれば取るに足らない小さな挫折《ざせつ》でしかないでしょう。それでも、10代後半から20代前半の未熟な時期には、これくらいの挫折でも「自分ではもうどうしようもない。努力の意味なんかない」とあきらめてしまうくらい大きなインパクトがあります。

過去は変えられません。できない相談だからこそ誰もがタイムスリップにあこがれるのです。ですから、過去の出来事に対して問題解決しようとしても無意味でしょう。

なお、現在この瞬間に目の前で起こったことであっても、自分ではどうしようもないこともあります。地震や大雨をコントロールすることは（莫大《ばくだい》なお金と技術を使えばできなくはないですが）ほぼ不可能でしょう。日本の総理大臣を好きに選ぶことも、普通の人にはできません。もっと身近なことで、別れる意志が固い恋人や、会社をかたくなに辞めると言っている人の考え方を変えさせるのは難しい場合も多いです。

どうしようもない過去の出来事や、問題解決ができなかった現在の出来事は、いっそのこと「過去」だと割り切ってしまいましょう。自分が現在進行形で影響を及ぼせることだけが「現在」なのです。

自分ではどうにもできない現実に直面したとき、人は途方に暮れてしまいます。変えられない過去にとらわれて、思考が停止してしまうこともあるでしょう。悩んだり落ち込んだりすることも普通です。

でも、これは非常にもったいないことです。筆者自身が終わったことをいつまでも後悔して反省してしまう性格だからこそ分かります。過去は変えられないのだから、未来を変えていくしかないのです。

絶望という名の「最重要資源の浪費」

本書では「人間の脳みそは価値を生み出す油田や金鉱のようなものだ」と繰り返し書いています。むしろ、日本には頭脳という油田が1億2000万カ所もあって、そこから石油以上に価値あるものが豊富に湧き出るようにすれば、現代日本の問題は解決するわけです。「お金は刷ればいい」ではなく「価値（イノベーション）は創ればいい」というわけでした。

この貴重な脳みそという資源が解決不能な悩みに支配されて停止してしまうのは、これ以上ないくらいムダです。解決「可能」な難問を何日も何年も解き続けるとか、悩み自体を楽しむというのならかまいません。しかし、解決できないことが明白で、自身も苦しんでいるのならば、そんな悩みと付き合う意味はありません。

とはいえ、私たちがそうした過去に捉《とら》われてしまいがちなのも事実です。そこで本章ではどんな現実・過去もプラスに変えて次なる一手を打ち続けるための思考道具を紹介していきます。この思考道具は、経営思想家ドラッカーの『マネジメント』『創造する経営者』から着想を得て筆者が考案したものです。

筆者は、この2冊から「誰かの弱みを、別の誰かの強みで打ち消す」「どんな出来事にも必ず良い点と悪い点がある」「出来事の悪い点を、別の出来事の良い点で打ち消す」という発想を読み取りました。

誰にでも必ず強みと弱みがあります。ですから、強みと弱みを打ち消し合うパズルを解けば、人間が個人で生きるよりも組織で生きるほうが自分の能力をよりよく発揮できるようになるわけです。

たとえば、絵を描くのは上手《うま》いけれど文章を書くのは苦手な人と、文章を書くのは上手いけれど絵を描くのは下手な人がいたとします。この二人がバラバラで絵本を作ったら、「絵が下手な絵本」1冊と「文章が下手な絵本」1冊という、2冊の不良品しかでき上がりません。でも、この二人が仲間になれば、得意な作業を担当することで、絵と文章のどちらも素敵な絵本を2冊も作れます。組織として働くほうがより良い価値を生み出せたわけです。これが組織マネジメントの本質でしょう。

出来事にも必ずプラスとマイナスがあります。ですから、自分にはどうしようもない出来事のマイナスには、自分でこれから引き起こす出来事のプラスをぶつけて相殺してあげればいいのです。どうしようもない出来事に、自分でなんとかできる一手をぶつけるというイメージです。

このときに使えるのが「七転八起の四角形」です。

ここまで、未来創造の円形、問題解決の三角形、七転八起の四角形という順番でご紹介しました。価値創造三種の神器は、未来から順に「○△□」。実は、これは禅僧・仙厓義梵《せんがいぎぼん》の「○△□」の発想を援用したものです。有名な禅画ですから、ご興味がある方はぜひ一度「○△□」で検索してみてください。

太陽や月の動き、円相という、未来を考える「○（太陽や月の姿）」。いまこの瞬間に坐禅《ざぜん》して主客一体となり、対立はすべて解消が予定されているとして現在を考える「△（坐禅の姿）」。この世を去ってしまった人のお墓の前で思いを寄せるなど、どうしようもない過去と相対する「□（お墓の姿）」。

未来・現在・過去のすべてが解決できれば価値創造が実現できるという思いを禅画で統合していたわけです。

七転八起の四角形とドラッカー経営学

本章において価値創造三種の神器が出そろいます。三つめの七転八起の四角形は、過去のマイナスを次の一手で打ち消す思考道具です（図5-1）。あるいは現在起こったけれど自分には解決できない問題を過去として捉えて、前向きに次の一手を考える方法とも表現できるでしょう。

図 5-1 「七転八起の四角形」の基本

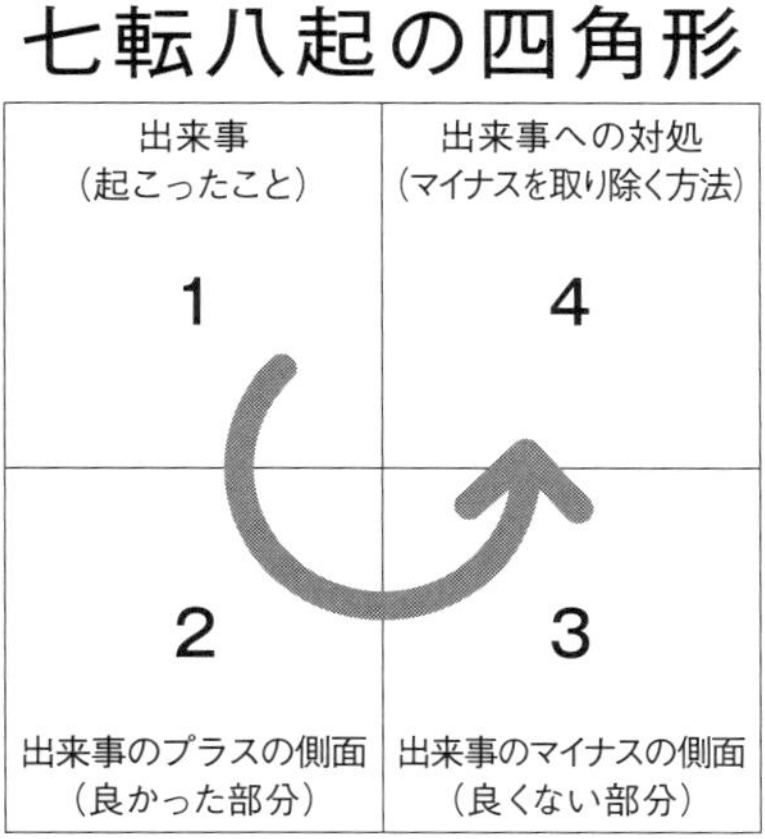

出所：筆者作成

まず、４分割された四角形を描いてみます。そして、左上の「１」と書いているスペースに、自分ではどうすることもできない出来事を書いてみます。前章の問題解決の三角形で解決できる出来事は書いてはいけません。問題解決の三角形でもどうしようもない問題だけを書いてみるわけです。

次に、その下の「２」と書いてあるスペースに移って、その出来事のプラスの側面を書き出していきます。その出来事が起こって良かった部分を列挙するわけです。どうしても良いことを思いつかなければ「その出来事から学んだこと」を書いてみます。

その後、その右の「３」と書いてあるスペースに移って、その出来事のマイナスの側面を箇条書きにしていきます。これは難なく終わる作業です。ここまで書いていったら、「1」「2」を紙や手などで隠してしまいます。そして「3」に書いていることだけに集中して、「ここに書いているマイナスを打ち消すにはどんな次の一手を打てばいいか」考えてみてください。もしかしたらすでに打っていた一手だったかもしれません。それでも過去を前向きに整理できればよいので、その一手を書けば十分です。

最後に、「3」の上にある「4」と書いてあるスペースに移って、先ほど考えた次の一手を書き込んでみてください。その後は、隠していた「1」「2」をもう一度眺めてみて、「1」から「4」まで順に反時計回りに1個ずつ確認してみてください。このことを表現しているのが回転矢印です。なんとなく、笑顔に見えるような矢印でしょう。

すると、不思議なことに、どんな出来事に対しても「これはこれで悪いことばかりでもなかった。逆に良かったのかもしれない」と思えるのではないでしょうか。

すなわち、この四つの四角形をぐるっと一周回っているうちに、この出来事の「思いがけない効果」という五つめの四角が見えてくるはずです（図5-2）。生きていればつらい出来事はたくさん起こります。自分の無力さを嘆いたり、無情な世の中を恨んだりすることもあるでしょう。でも、七転八起の四角形を使って次の一手を見つけてみたらどうでしょう。また今日から立ち上がってみんなで豊かになる価値創造の道を歩めるようになります。

図 5-2 「思いがけない効果」の発見

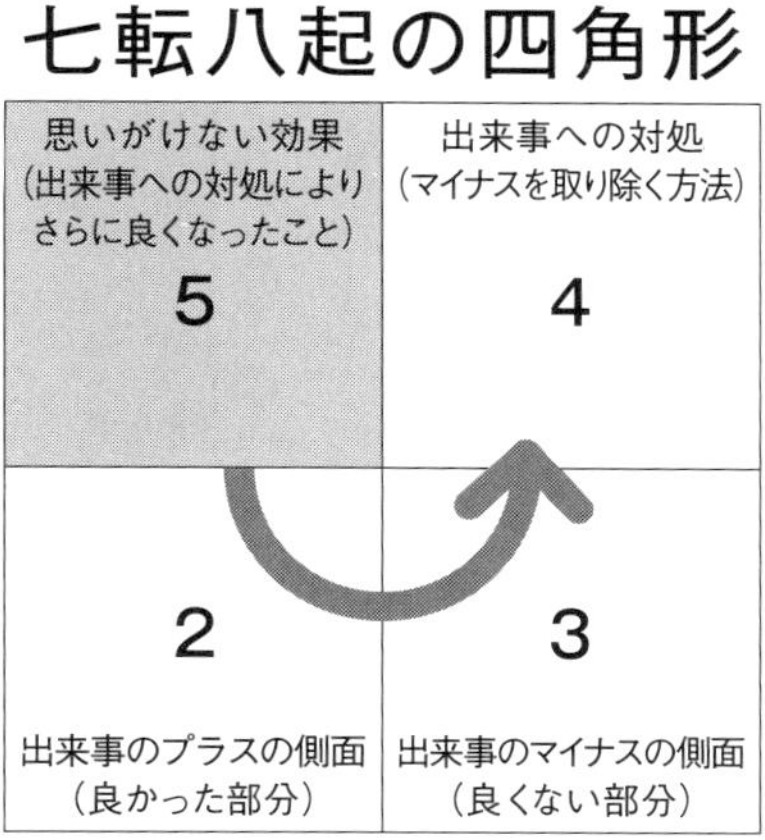

出所：筆者作成

この七転八起の四角形を使った例をいくつかみていきましょう。最初の二つは筆者が実際に使ってみた例です。

筆者は父親が会社を倒産させたことのあおりを受けました。会社を倒産させた父は地元で塾を開きますが、徐々にそれもジリ貧になっていきました。公立高校に通う場合、大学は衣食住が無料で手当も出る防衛大学校以外の選択肢がないという状態でした。それか、中卒で自衛隊生徒やトヨタ学園などで給料をもらって働きながら学費を貯めて好きな大学にいくか、という選択を迫られたのです。

筆者の人生における行動原理は「可能性が広がるほうへ進む」です。そこで、後者（自衛隊生徒・少年工科学校で三等・二等・一等陸士として働きながら勉強する道）を選びました。なお現在では、自衛隊生徒は高等工科学校生徒という防衛大学校の学生に近い位置づけに変わりました。しかし、当時は階級を持ち昇進もする自衛官でした。

筆者の父・岩尾《いわお》俊志《しゅんじ》は型破りな人でしたので、よく「苦労したでしょう」と言われてきました。筆者の嫌いな言葉だと「親ガチャに外れた」などと言う人もいます。しかし、筆者にとっては、貧しくなっても信念を貫く心から尊敬できる父親でした。

そんな父の寝室には約1万冊の書籍がおいてありました。東洋哲学・西洋哲学・経営学・その他がちょうど4分の1ずつ。壁一面が本でびっしり埋まっていました。こうした本の中にドラッカーの全集が含まれていました。父は、中学生の私に対して、ドラッカーの著作を開きながら『現代の経営』『マネジメント上・中・下』『創造する経営者』等に通底する「何かの弱みを別の何かの強みで打ち消す」という経営の本質を語りました。

「俺は財産は残さんけど、経営の考え方ば残すけん」

というのが父の口ぐせでした。

当時の私がドラッカーの経営思想を「七転八起の四角形」という図式に綺麗《きれい》に整理できていたわけではありません。それでも、自分の人生において、どんな出来事にも常に良い点を探し、悪い点を打ち消す次の一手を考えるようになったのは父の影響だったでしょう。

図 5-3　七転八起の四角形の活用例①

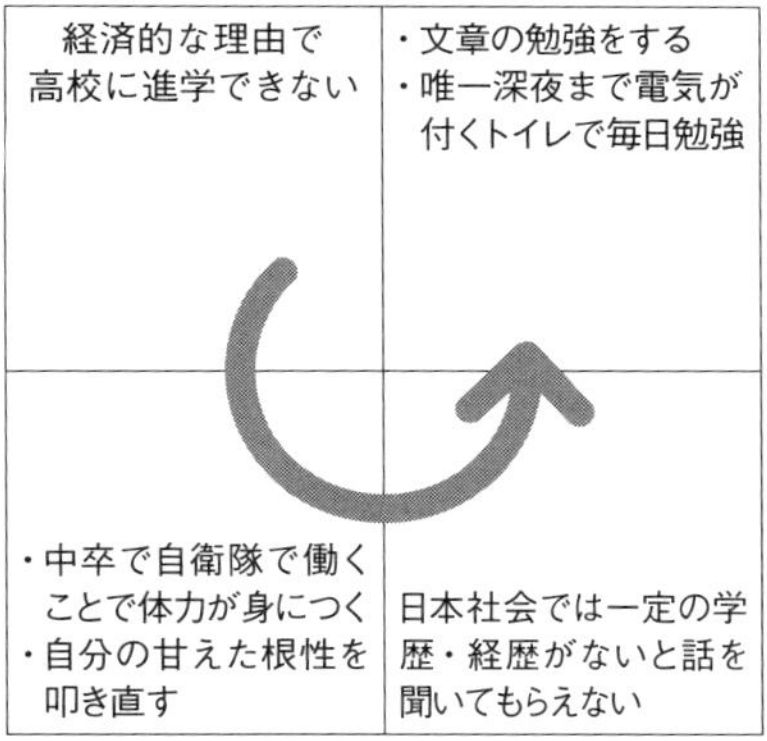

出所：筆者作成

七転八起の四角形活用の実体験

たとえば、自分が置かれた状況を次のように考えたわけです（図5‐3）。

まず「経済的な理由で高校に進学できない（各種の制度を頼って公立高校に進学した場合には進学先が防衛大学校のみに限られる）」という、当時の自分にはどうしようもできない現実がありました。これは当時からすれば「現在」の問題、今の筆者からすれば「過去」の問題です。とはいえ当時でさえ自分では現在進行形で解決できないのですから、広い意味で「変えられない過去」と割り切ったわけです。

でも、一般的な高校に進学せずに自衛隊

生徒やトヨタ学園で働きながら勉強する道にも必ずプラスの側面（良い部分）があるはずです。たとえば「体力が身につく」「甘えた根性を叩《たた》き直せる」などです。

筆者は祖父が生きていた小学生時代までは超が付くお金持ちのお坊ちゃんでした。運転手さんがベンツで送り迎えしてくださり、祖父の家には鯉が泳ぐ池とプールと草スキーができる丘が付いた広大な庭があり、庭にお手伝いさんの家も付いていたくらいです。そんな家庭で人生を舐《な》めずに育つわけがありません。ですから、人間修養において自衛隊生活は必ずプラスだったと思います。

さて、それでもやはり当然ながらこの現実にはマイナスもあります。筆者は、世論に影響を与える小説家や、経営という人間の人生の根幹にかかわる営為について語れる経営学者といった、オピニオンリーダー的な職業を幼少期から意識していました。しかし、中卒で働いた後にオピニオンリーダーを目指すにも、「日本社会では一定の学歴・経歴がないと話をきいてもらえない」というマイナスが付きまといます。

なお、小説家には学歴は必要ありません。ただ、オピニオンリーダー的な小説家ということになると、やはり芥川《あくたがわ》賞・直木《なおき》賞をはじめとする賞歴はほとんど必須《ひっす》でしょう。

そこで筆者はいくつかの「次の一手」を考えました。「文章の勉強をして、学歴・経歴に関係なく読ませる文章を書けるようになる」「しゃべりの勉強をして、自分の話を面白く聞いてもらう技術を身に付ける」「自衛隊の宿舎において、みんなが寝てしまった後に、深夜まで電気がつくトイレで受験勉強をする」という手です。

三つも頑張ってみれば1個くらいはなんとかなるだろう、という公算でした。

文章では、村上春樹《むらかみはるき》さんが受賞した群像新人文学賞から独立した評論部門で最終候補作となったり、いくつかの地方文学賞の候補になったりしたくらいで、文壇デビューはできずじまいでした。しゃべりのほうも、古今亭志ん朝《ここんていしちょう》さん、明石家《あかしや》さんまさん、松本人志《まつもとひとし》さん、島田紳助《しましんすけ》さんの動画を何度もリピートしてノートに書き出して話術の構造を学んでみましたが、「なんで佐賀出身なのに関西のノリなの？（※古今亭志ん朝さんだけは江戸《えど》っ子です）」と周囲に言われて終わりました。

三つのうち二つは挫折したわけです。最後の1個として、筆者は周囲に「俺は30歳には慶應義塾大学の（准）教授になって富裕層の子息を教育しているはずだ」と宣言して、あきれられていました。しかし、三つめはほぼ宣言通りに達成できました。もちろん、職業はただの手段で、「日本をもう一度豊かにする」ということこそが目的です。とはいえ一定の成果が出たとはいえるでしょう。

こうして一時期は前向きに次の一手を打ち続けられました。でも、その後も「中卒で自衛隊に入隊した」という過去は筆者を悩ませ続けました。「文壇の人脈がもっとある家庭だったら」「お金があれば中高一貫校に通えたのに」「どうして自分だけ受験でも何でも不利な状況で戦わないといけないんだ」「どうして自分はこんなに苦労したのに認められなくて、順風満帆な人のほうが評価され、もてはやされるのだろう」。何度もこの問題に戻ってきてしまいました。

もう終わったことですし、すでに次の一手も打っているのに、です。これでは悩みそのムダづかいでしょう。筆者は、15歳から35歳までの20年間で、何度も何度もこれについての七転八起の四角形を再確認してきました。そのたびに「やはりこの道で良かったこと」が見つかり続けます。

たとえば「効率のよい勉強法を身につけられた」「勉強や学問への情熱がますます猛《たけ》った」「様々な経験ができたので逆境に強くなれた」などです（図5‐4）。また、「今から打てる次の一手」も見つかります。論壇誌に定期的に寄稿して文章力を磨き続ける、学術団体の理事・評議員になる、ハーバード大学をはじめとした海外有名大学の客員教授になる、世界中から研究者を招へいして世界最高の経営学の研究拠点を作る、などです。

どんなに優秀な人でも、脳みそという人間にとっての最重要資源を悩みという非生産的な活動に使っていたら、人生は悪い方向にしか進みません。常に現状を肯定的に捉えなおし、誰よりも前向きに、誰よりも多く次の一手を打ち続ければ、どう論理的に考えても人生が好

図 5-4　「思いがけない効果」の発見の例①

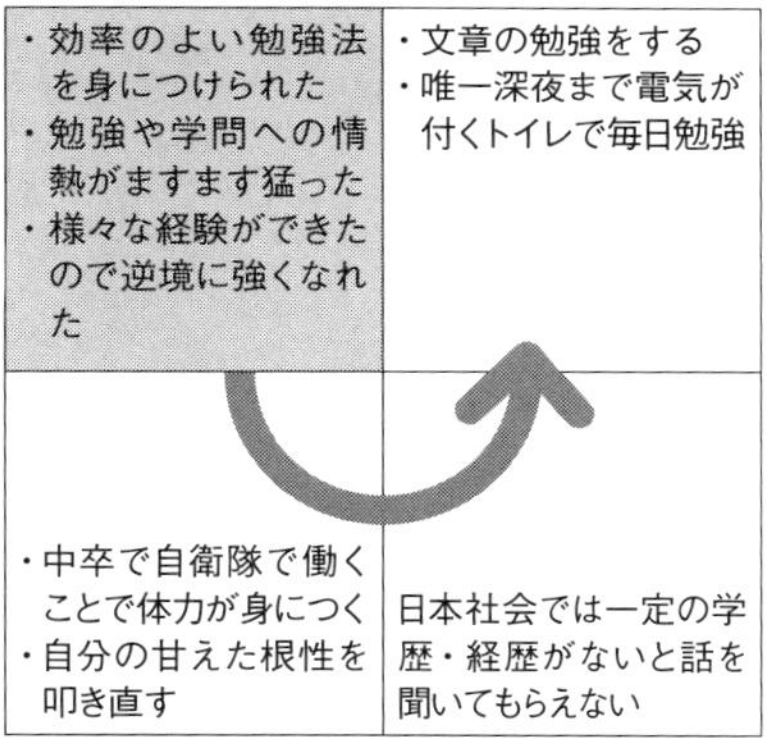

出所：筆者作成

転するに決まっているでしょう。

次の一手を打ち続ければ七転八倒が七転八起に変わる

筆者にとっては学生起業も同じでした。

筆者は中学校卒業後に陸上自衛隊に入隊し、自衛隊を辞めた後はコンビニと工事現場で働きながら高等学校卒業程度認定試験（旧・大検）を受けて高卒資格を得ました。その後、慶應義塾大学・東京大学へと進学するわけです。このとき、大学での学問と生活費の両立が問題となりました。そこで筆者はまずは個人事業主として学生起業し、後に大学院で法人登記しました。

つまりは「大学・大学院でも、学費が払えないので働かざるを得ない」というどうにもできない現実です（図5‐5）。なお筆者は後に学部・院ともに学費の成績優秀者免除を得ましたので、ここでいう学費は生活費・書籍購入費を含む広義の学資だと思ってください。

筆者は大学進学を考えた時点ですでに博士課程進学を前提にしていました。しかし、当時から今まで「実家が太くないと博士課程はあきらめたほうがいい」という話をする研究者がSNS等にはたくさんいます。むしろ「お金がなくても博士課程に進もう」と言ってくれる研究者はほとんどいません。これには筆者も不安になりました。

お金がないと博士課程に進むこともできないのか、と、世の中を恨んだこともあります。なにくそ、とばかりに起業しても、周囲からは「起業と研究は絶対に両立できない」と言われました。「絶対に」です。研究者なら今でもそう言う方が大多数だと思います。実際に、実家から潤沢な支援があって研究だけに集中している人と、働きながら研究をする人が、同じプロとしてフェアに業績だけで評価されるのが研究の世界です。すべての時間を研究に使える人にそうでない人が勝てるほど甘い世界ではないでしょう。

それにしても「絶対に無理」などと言わなくてもいいじゃないか、と、何度も怒りがこみ上げました。もし心配してくれるのなら、「大変な道だから、こうしたらどうだろう？」と建設的な助言をくれればいいのにと思ったものです。あるいは「普通の人なら無理だけど、

図 5-5　七転八起の四角形の活用例②

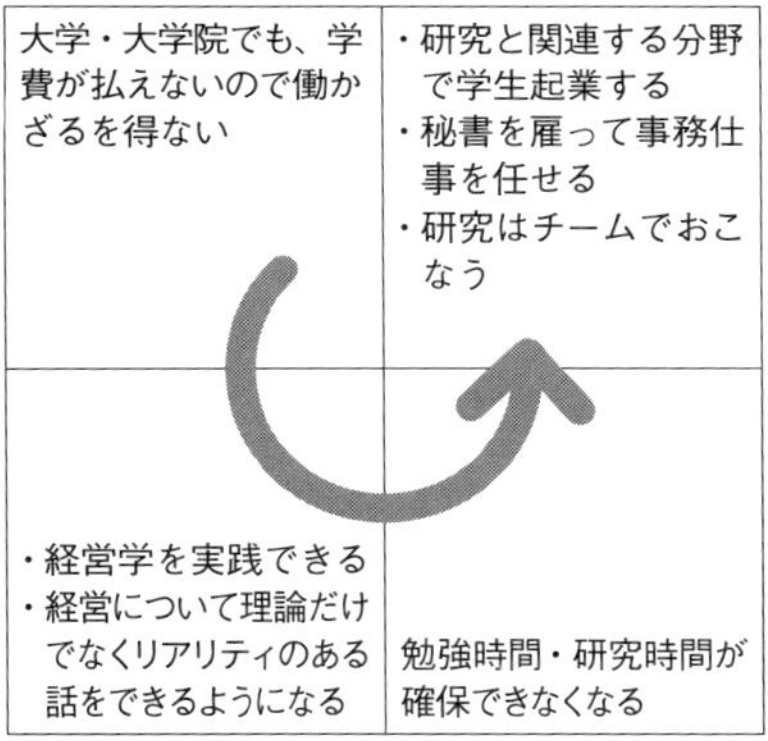

出所：筆者作成

君ならきっとできる。その代わり、もしキツくなったらいつでも私に相談して」と言ってくれてもいいでしょう。実際に、筆者は博士課程進学希望者にそう言っています。

しかし、実際には、起業して学資を稼ぐ道にも必ずプラスの側面があります。「経営学を実践できる」「経営について理論だけでなくリアリティのある話をできるようになる」など。たとえば、「天才エンジニアをたくさん集めたら、意見が割れた際に天才同士一歩も引かずに喧嘩《けんか》別れして組織が空中分解した」といったエピソードなどは、筆者のお気に入りの体験談です。

それではマイナスは何でしょうか。やはり「勉強時間・研究時間が確保できなくなる」というのが一番大きいでしょう。だとすれば「勉強時間・研究時間が確保できなくなる」という弱みを打ち消す次の一手を考えればいいわけです。「研究と関連する分野で学生起業する」「秘書を雇って事務仕事を任せる」「研究はチームでおこなう」などです。

実際にこうした手を次々と打っていきました。するとどうなったか。以後はほとんど自慢話のように聞こえてしまうかもしれません。しかし、一つの事例として少しだけ我慢してお付き合いください。

まず、すべての時間を博士課程での研究に使える学生よりも、論文数でみた場合に多くの研究成果が出るようになりました（図5-6）。少なくとも研究成果の量では勝てるようになったわけです。個々の論文の質の評価は十人十色なので何ともいえません。しかし、数々の著名な学術賞を受賞したり、当時としてはかなりめずらしかった国際雑誌に学生時代から複数論文が掲載されたりしましたから、質も一定の評価を受けたといえるでしょう。

こうして筆者は東京大学博士（経営学）の第一号となり、同時に明治学院大学の終身雇用の専任講師になりました。通常は、オーバードクターと言って博士課程を何年も延長したあと、ポスドクと呼ばれる研究員→助手・助教→専任講師→准教授→教授と進むのが一般的です。しかし筆者は、オーバードクター、ポスドク、助手、助教の過程をすべて飛ばし、テニ

図 5-6 「思いがけない効果」の発見の例②

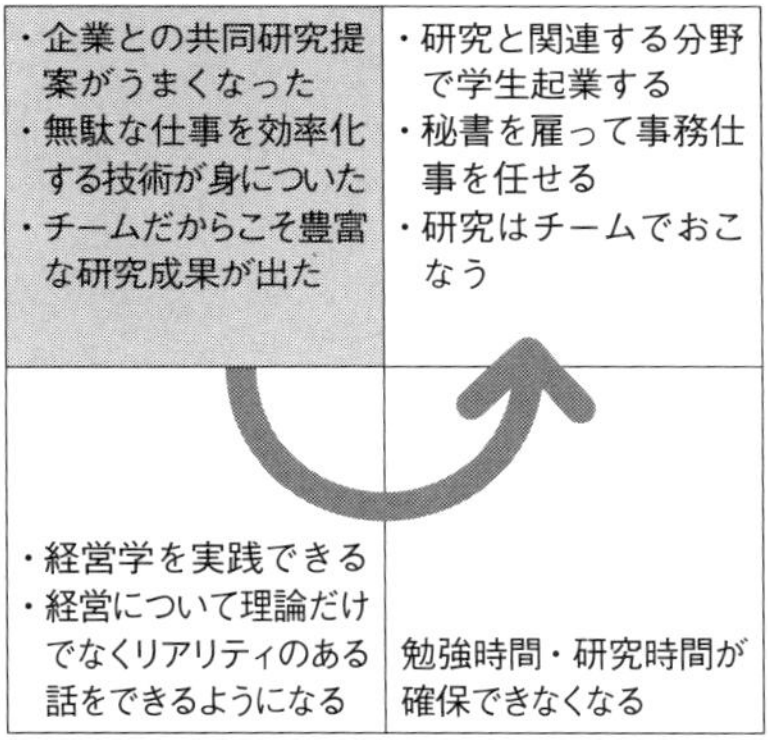

出所：筆者作成

ュア審査という終身在職権審査も飛ばして、いわば飛び級で専任講師となったわけです。

3年後に慶應義塾大学に移った後も、通常数年間は専任講師を務めるのですが、1年で准教授となりました。明治学院大学でも慶應義塾大学でもそれぞれ最年少専任講師・准教授だったほどです。労働組合の資料を見る限り、全大学・全分野でも最年少だったかもしれません。しかも、同時に学生起業した会社はつぶれずに成長し続けました。こうして、今では大学教員と会社再建実務家の二足の草鞋《わらじ》を履けるようになったのです。

この点は今までは自分から公表することを控えてきました。

しかし、メディア等ですでに明らかにな

っていますし、七転八起の四角形の威力を示す例として本書で初めて書くことにしました。いまでも、「企業との共同研究提案が上手くなった」「ムダな仕事を効率化する技術が身についた」「チームだからこそ豊富な研究成果が出た」という思いがけない効果を実感し続けているほどです。

筆者が特別優秀だったわけではありません。これは謙遜《けんそん》ではなく、自分のことだからこそ良く分かります。筆者は何か突出した能力があるわけではないのです。しかし、結果は実際にかなり上手くいっていると思います。そして、その理由は早期から「人生経営」を意識し、「価値創造三種の神器」の原型となる考え方を知っていたという一点に尽きます。

価値創造三種の神器の元になった考え方を知っていただけで、不利を全部はねのけられたわけです。

会社経営を七転八「倒」にしないために

次に七転八起の四角形を実際の企業において活用してみた例をみていきます。

とある大企業の地方拠点（営業子会社）の例です。その大企業子会社の社長さんは、実際の経営上の悩みを七転八起の四角形で解決なさいました。

ちなみに、面白いエピソードがあります。その社長さんは拙著『世界は経営でできている』（講談社現代新書）のファンだと公言なさっていました。初対面で「先生、本当に世界は経営でできてますね。私も今後は家庭でも社長として妻を厳しく叱責《しっせき》していきます」と、本当に『世界は経営でできている』を読んでおられたら絶対に出てこないであろう感想を述べられたのです。『世界は経営でできている』は、経営を価値創造＝価値創り合いだと書いています。配偶者を偉そうに叱責するというのは、これと正反対の価値奪い合いの発想です。

本当は読んでいらっしゃらないのだな、と、最初は思いました。でも、どうやら実際に目は通していらっしゃるようなのです。本の中に出てくる冗談や皮肉の数々を覚えてしまうくらい何度も繰り返し読まれたようでした。それでも、「奪い合いでしか豊かになれない」という思い込みによって、まったく逆の内容に読めてしまったようなのです。

そんな方でしたから、経営上の悩みもまさに価値奪い合いの代表例のようでした。

その悩みとは「エース級の人材が転職してしまった」というものです。よくよくきくと、正確には「大企業子会社（地方）の社長にとって右腕・左腕といえるほど優秀な人材二人が、東京本社に呼び戻されてしまった」というのです。こうした状況にあって、その社長さんは本社に辞令撤回を求めて直談判《じか》したといいます。「右腕・左腕を失ったらこの営業子会社は回らない。その責任はとれるのか」と本社人事部に何度も掛け合ったそうです。

しかし、この優秀な二人は単身赴任で地方に来ているだけで、東京に家族が住んでいました。ですから、この二人は「本社に戻れないのなら転職する」と伝えてきたといいます。その社長さんは「恩義ってもんはないのか」と怒っていました。転職の邪魔までしかねない勢いで二人を説得して、交渉が決裂したそうです。その社長さんは人材の奪い合いを経営だと思っていたわけです。

その社長さんが筆者の講演をきいた後に、ふと、七転八起の四角形を使ってみたいとおっしゃいました。そこで出てきたのが図5－7でした。

いま「エース級の人材が（本社移動を含めて）転職してしまった」というどうにもならない問題があります。厳密にはまだ転職前です。しかし、過去には良好な関係だったものの、今や交渉も対話も不可能なほど関係が破綻《はたん》しています。ですからこれはもう変えられない過去と同じです。

エース級の人材が抜けてもプラスの側面は必ずあります。「プラスの側面なんか絶対にない」とおっしゃっていたこの社長さんでさえ、10分くらい考えて三つも思いつかれました。「エース人材が抜ける影響を実測できる」「重要ポジションが空く」「属人的な業務が減る」。素晴らしい利点です。これに対してマイナスは「仕事が回らない」「お得意先を失うかもしれない」。ならば、この二つを打ち消す次の一手を考えればいいだけです。

図 5-7　七転八起の四角形の活用例③

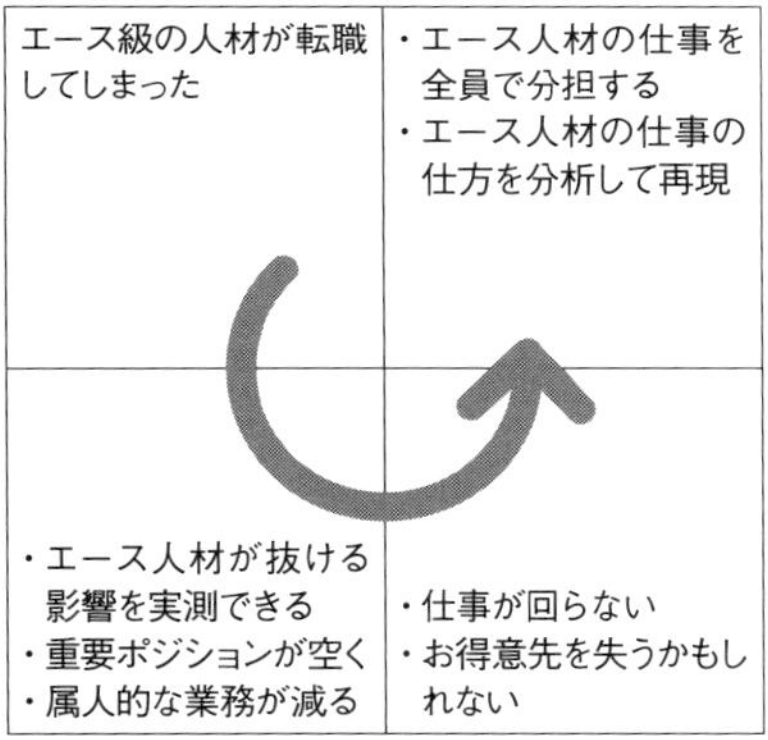

出所：筆者作成

こうして出てきた次の一手が「エース人材の仕事を全員で分担する」「エース人材の仕事の仕方を分析して再現する」というものでした。そして、七転八起の四角形を何度も繰り返し眺めながら、その社長さんはこうおっしゃいました。

「次もまた本社から誰か別の二人がくるだろうし、次の人はまた別の強みがあるかもしれないしなあ。これもありだな」

まさに価値奪い合いから価値創り合いに一歩踏み出された瞬間でした。次に赴任してくる方がＩＴに強ければＤＸに力を入れたり、マーケティングに強ければブランド再構築に力を入れたり、と、目が輝いておられました。

また、次に赴任してくる二人の得意分野

図 5-8　「思いがけない効果」の発見の例③

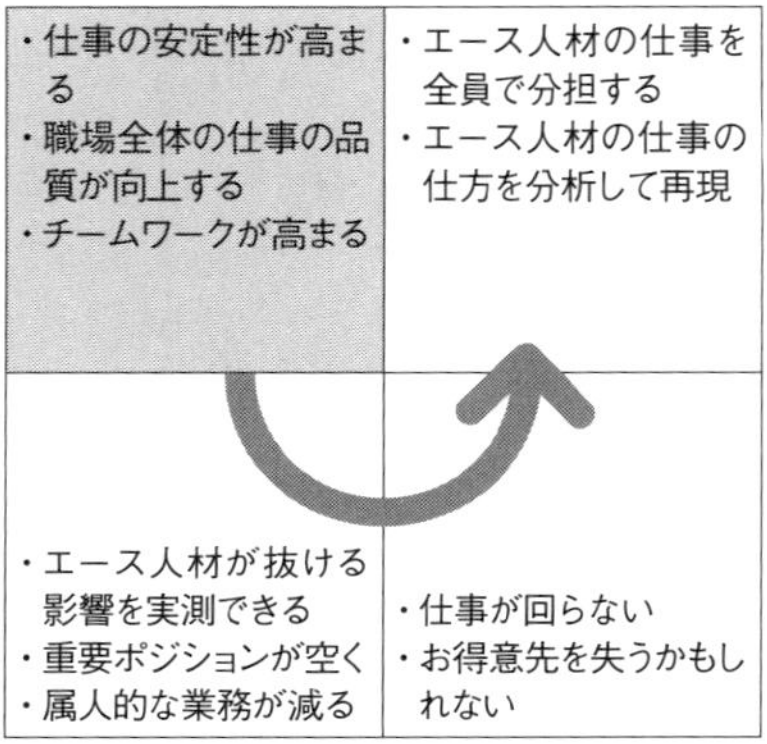

出所：筆者作成

に関係なく、今回の人事の思いがけない効果も見つかりました。それは「仕事の安定性が高まる」「職場全体の仕事の品質が向上する」「(困難を乗り越えたことで)チームワークが高まる」というものです（図5-8）。筆者はこれに「社長への信頼が回復し、大切な仲間と関係修復できる」も加えていいと思いました。

それでは最後に読者のみなさまにも七転八起の四角形に取り組んでいただきます。繰り返し述べているように、この本は「実践の書」です。東洋哲学には「知っているということは、実際にできるということだ」という知行合一＝実践知の思想があります。本書の内容もまた、実践がともなわないと「知っている」「読んだ」ことにはなりません。

七転八起のための5ステップ

ですから、ぜひとも実際に七転八起の四角形に書き込みをしてみて、これを読んでくださっているあなただけの実践の書を一緒に作ってまいりましょう（図5‐9）。

ステップ1　七転八起の四角形の左上の領域に「自分ではどうしようもない、過去と割り切ってしまったほうがいい、現実」か「自分をいまも悩ませる過去の出来事」を書いてみてください。

ステップ2　七転八起の四角形の左下の領域に移りましょう。そこに、先ほど書いた出来事のプラスの側面＝自分にとって良かった点を探して書いてみましょう。どうしても見つからなければ「出来事から得た学び」を書きましょう。

ステップ3　今度は右下の領域に、その出来事のマイナスの側面＝自分にとって悪い点を書いてみましょう。これはすぐに書けるはずです。

ステップ4　ステップ3で書いた出来事のマイナスの側面だけに集中して、このマイナスを打ち消す「次の一手」を探してみましょう。この次の一手を右上の領域に書いてみます。

ステップ5　こうして完成した七転八起の四角形を、左上から順にぐるぐると何度も見回してみてください。出来事の「思いがけない効果」が見つかるのではないでしょうか。これはこれで良かったと思えればしめたものです。

七転八起の四角形は、自分ではどうにもできない現実と闘う思考道具です。人生や仕事が上手くいかないときに、前向きな次の一手を見つける手助けをしてくれます。

筆者自身、何度も現実に打ちのめされてきました。そのたびに他者や社会を恨んだこともあります。誰かのせいにするのは楽な道でした。しかし、誰かのせいにする道は、最初は楽でも後には地獄へと続く道です。なぜなら問題が「人のせい」なら、その問題の解決策をにぎっているのは当然ながら自分ではないということになるからです。

図 5-9　七転八起の四角形実践ワーク

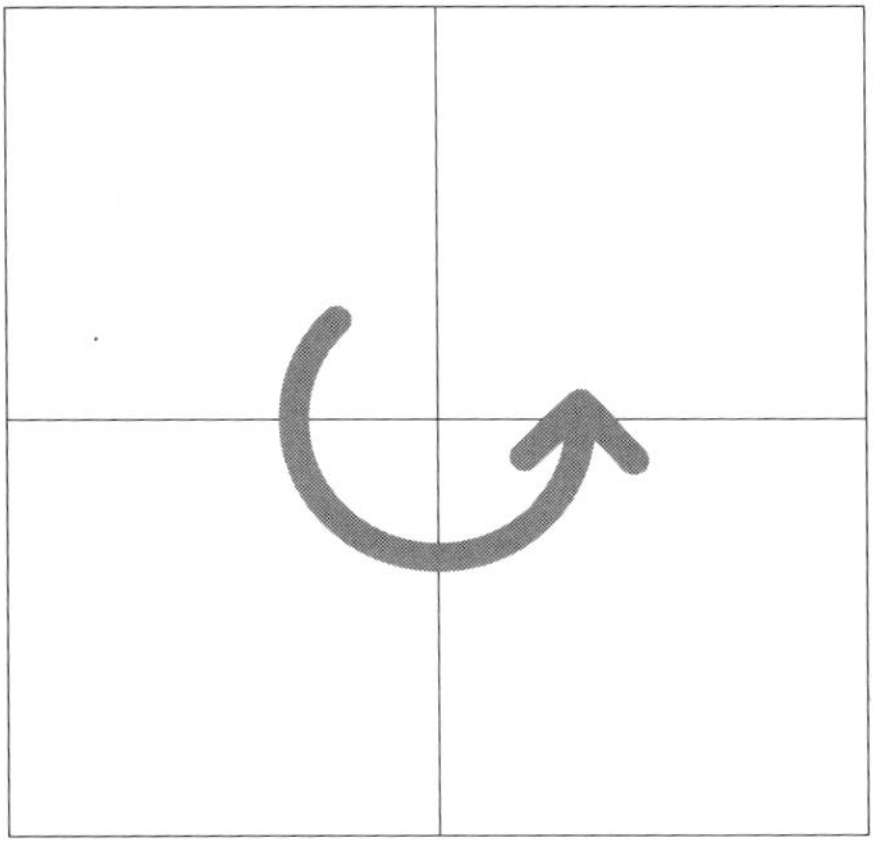

出所：筆者作成

考えてみれば、「自分で解決できない苦しみ」は拷問と同じでしょう。自分から海や川に潜水するのは楽しくても、他人から無理矢理に潜水させられて呼吸のタイミングを自分では決められないと、水責めという拷問になるように。

価値創造三種の神器は、どんな問題も自分の力の及ぶ範囲で解決していくための思考道具でした。もちろん、結果的に解決ができなくても「自分のせい」「自己責任」というのは明確に間違いです。自分という人間そのものを否定してはいけません。「自分の考え方」だけを変えていけばいいのです。

人間という存在自体はすべて正解です。ただ人間の「考え方」が間違うだけなのです。人間を切り捨てるのは不幸です。ただ、間違った「考え方」を捨てればいいのです。

ここまで「未来創造の円形」「問題解決の三角形」「七転八起の四角形」を紹介してきました。それでは、価値創造三種の神器を日々の人生や仕事で使いこなすことで、個人と組織にどのようなメリットがあるのでしょうか。

第六章　人と組織が変わる意味はあるのか？

価値創造の考え方によって、人と社会は奪い合いを脱せる可能性があります。こうした視点から、本書は価値創造を実践するための「価値創造三種の神器」のそれぞれについて解説してきました。

しかし、そもそも価値創造三種の神器を使いこなせるようになることに利得（メリット）はあるのでしょうか。仮に個人に利得があったとしても、むしろ個人に利点があるならば、周囲の人には教えずに自分だけのものにしたほうが得するのではないでしょうか。それでも、価値創造三種の神器を会社等の組織や友人・家族に教えていく意味があるというのでしょうか。

本章ではこうした疑問に対して答えていきます。

ここでの疑問は大きく二つに分かれます。一つめは「価値創造の考え方を取り入れることで個人にどんな利得があるのか」。二つめは「価値創造の考え方を広めることで組織にどんな利得があるのか」です。

個々人が、価値創造三種の神器を日常生活や仕事の悩み解決のために使用するメリットは、ここまでのワークを三つとも終えた人には伝わっていると思います。実際に多くの問題を解決できるから、です。とはいえ、読者のみなさまが周囲の方々に価値創造三種の神器を教えていく際には、これだけだと説得力に欠けるでしょう。

そこで、ここでは大きく二つの視点をお話ししたいと思います。①価値創造三種の神器を学ぶことにそもそもデメリットがない、②ＡＩ時代には誰もが価値創造思考の経営者としての仕事が必要になる、という二つです。

知行合一なら学びにデメリットは存在しない

まず、価値創造三種の神器を学ぶことにデメリットが存在しません。

ただし、ここでいう「学んだ」とは知行合一の状態です。つまり「知っているということは、実際にできるということだ」という状態にまでいけば、現実に多くの問題を解決できるのですから当然メリットがあります。価値創造三種の神器は、京セラフィロソフィ、制約理論、ドラッカー経営学を応用したものですから、すでに実績もあります。筆者がおこなった研修等でも小学生から企業経営者まで使いこなしていらっしゃいます。

とはいえ「どうしても、何度学ぼうとしても、価値創造の考え方を知行合一できるまでたどり着けない」という方もいらっしゃるかもしれません。その方はまだ心の準備ができていないのでしょう。その場合は、すぐに価値創造三種の神器のことは忘れてしまいますから、やはりデメリットはありません。

制度を変えてしまったり、自然を破壊したりといったこととは違って、新しい考え方を学んでも「役に立つか」「忘れるか」の2択なのです。いまの自分にとって意味がない知識は忘れるのが人間というものですから、何かを学んでみるデメリットがそもそも存在しないのです。

書籍代や学習時間をムダにするということはありえます。しかし、それも微々たるものでしょう。一日で1時間たりともムダな時間がない人なんていませんし、わずかなお金も損したくないなら書籍は立ち読みしてから買えばよいのです。

しかも、誰かしらに支持されている知識に完全にムダなものがあるはずがありません。ただ単に「いまの自分には理解できない」というだけです。何年もして、自分を取り巻く状況が変われば、同じ本から全然違った印象を受けるというのはよくあることでしょう。

次に、ＡＩ時代には誰もが価値創造思考の経営者としての仕事が必要になるという話をしていきます。

ＡＩ時代に人間に残る仕事は価値創造

昨今はＡＩの技術発展が顕著です。簡単なレポートを書いたり、そのレポートをスライド

図 6-1　人間にしかできない仕事とＡＩにとって困難な仕事

人間にしかできない仕事	ルールを定め
	複数のＡＩを利用する契約を結び
	最終的な意思決定の責任を取ること
ＡＩにとって困難な仕事	仕事の大枠を決め
	複数のＡＩと人のチームを結成し
	仕事の成果を人間的視点から評価すること

出所：筆者作成

資料にまとめたり、そこに適切なイラストをつけたり、さらに英語に翻訳したり……といった知的労働の多くがＡＩによって代替される時代となりました。

つまり現代は「誰もがＡＩという部下を持っている時代」なのです。しかも、ＡＩという部下は相当優秀です。知識量でＡＩに勝てる人間はこの世に存在しないでしょう。ＡＩよりも多くの言語を話せる／書けるという人も人類の歴史で一人もいないでしょう。でも、ＡＩは「少し困った部下」でもあります。

ＡＩを使ってみた人なら誰でも実感したと思います。ＡＩはちょくちょく無意味な嘘をつきます。知っていないことを知ったかぶりしたり、それっぽい専門用語の羅列でごまかしたりしてきます。著名な学者について調べさせたら、「主にラジオで活躍するコメディアンです」などと回答してくるといった具合です。

ですから、ＡＩに仕事を任せたら、必ず自分自身で成果をチェックする必要があります。チェック作業を別のＡＩに受け持たせることもできますが、その場合も最終成果物は人間が確認するしかありません（図６‐１）。

ＡＩは24時間働けるとか、幅広い知識があるとか、計算能力が高いとかいった強みを持っています。しかし、ＡＩはたまに嘘をつくとか、人間の気持ちが分からないとか、責任を取れないといった弱みも持っています。ですから、ＡＩの強みを伸ばしつつ、ＡＩの弱みは別の誰かが補完してあげる必要があるわけです。これはまさに七転八起の四角形にも通じる考え方です。

なお、ＡＩは人権を持ってルールを定めることはできませんし、仕事の大枠を決めるのもできなくはないとはいえＡＩには困難な仕事です。これらは未来創造の円形に通じます。また、ＡＩは複数のＡＩと対立を解消するべく契約をして、ＡＩと人のチームを作り上げるという作業もできません。契約の主体になれないということと、身体と感情を持たないということがこれらのハードルになるわけです。これは問題解決の三角形に通じます。

このように、ＡＩにはいまのところ価値創造の経営はできません。

逆に、ＡＩは計算能力に優れていますから価値奪取思考の戦略や管理は得意とします。他者の価値を奪うべく、一番儲《もう》かりやすい店舗立地を考えたり、一番お金をむしり取れる値付けを考えたりすることは人間よりも何倍も上手なのです。ただし、ＡＩには悪気はないという点は、人間とは違うところです。

こう考えていくと、ＡＩ時代において人間に残された仕事は価値創造の経営を担う部分だけでしょう。さらには、ＡＩ時代においてこうした意識を持てない人は取り残されてしまうと思われます。周囲はＡＩの力を借りながら高品質の仕事を短時間で終わらせられる。でも、自分はそうしたことができず、低品質の仕事を長時間おこなっている。こうなったら個人はどんどん貧しくなっていきます。

ここで「じゃあ、ＡＩに詳しくならなければダメなのか？」と思われたかもしれません。しかし、それは違います。ＡＩはどんどん「誰でも使える方向に」進化していますし、今後もそうなると予想されるからです。誰でも使えるＡＩでないと利用者が少なくなってしまって儲かりません。そのため、ＡＩは基本的に使いやすくなる方向で発展していくわけです。また、ＡＩを使いこなせなければ、「ＡＩを使いこなせる人間」とのチームを作ればいいだけです。

ですから、大事なのはやはり技術ではなくて経営だというわけです。それも、みんなで豊かになる道を探す価値創造の経営です。

価値創造思考の威力

すでにＡＩを部下として従えて大成功している新世代は出てきています。たとえば将棋棋士として初めて八冠を達成した藤井《ふじい》聡太《そうた》氏は、「水匠《すいしょう》」と「ｄｌｓｈｏｇｉ」という少なくとも二つのＡＩを使って将棋の研究をしているそうです。藤井聡太氏はＡＩを使った棋譜分析のパイオニアの一人でもありました。

いまやＡＩはプロ棋士を負かすことさえあります。しかし、将棋の素人の筆者でも、どんなＡＩにも将棋で勝てる秘策があります。それは、「ＡＩと素人が将棋で勝負する際には、素人が先行で初回のみ３手指しできる」というルールを定めるのです。すると、７六歩→３三角→５一角で勝ちです（図６‐２）。ルールを作ることの重要性を認識していただけたのではないかと思います。

日本は急激な少子化・高齢化が進んでいます。この状況はＡＩ革命を促進させるように思います。大昔の産業革命も、少子化が進んでいたイギリスにおいて、希少な労働力を代替させるためにスコットランドから豊富にとれた石炭を利用する方法を模索したことから始まり

図 6-2　ＡＩ将棋必勝法

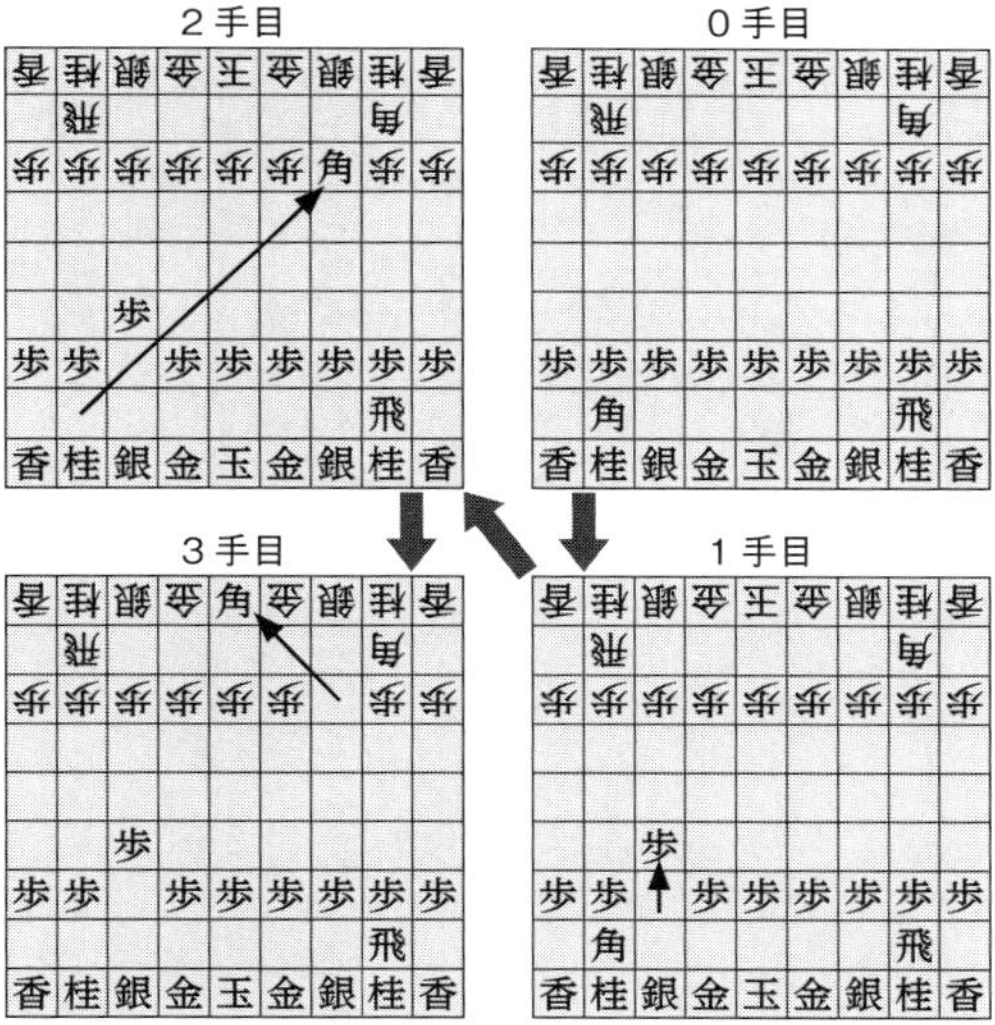

出所：筆者作成

ました。だとすれば、日本において希少な労働力を代替させるために使える「豊富な何か」は、「データ」と「ＡＩやロボットへの信頼」ではないでしょうか。日本はアニメやマンガの影響でＡＩやロボットに抵抗がありません。これは諸外国にはない強みです。

　このように考えると、特に日本においては、今後は「組織内での役職に関係なく、ＡＩやロボットを部下として上手に使えること」の重要性が増していくでしょう。誰もが上司であり、誰もが価値創造の経営者だという状態になるわけです。

ここまでで、個人が価値創造の経営思考を学ぶことの意義は明らかになったと思います。そこで次は、価値創造の経営思考を組織全体に薄く広く普及させることの意義について考えていきましょう。

価値創造思考は組織全体で共有してこそ意味がある

先ほど、ＡＩ時代において個人の価値創造能力の必要性が高まっているという話をしました。しかも、制度や自然を変化させてしまうような施策とは違って、すでに成果がある程度確かめられている知識を学ぶことにはあまりデメリットがありません。ただ、そうだとすると、価値創造思考が個人にとって有意義であればあるほど、一度学んでしまった後はそれを周囲に教えないほうが個人としては得すると思うかもしれません。価値ある知識は独占したくなるのが人間というものです。

しかし、実は価値創造の経営の知識は組織全体で共有することでより大きな力を発揮できるようになります。そのことを証明したのが、高度経済成長期の日本企業でした。

戦後の日本は戦争に負けて在外資産が凍結され、植民地も失い、国土を空襲され、二度も原子爆弾を落とされ、土地もなく、石油も出ないという、ないない尽くしの国でした。それでも結果的には、そこからわずか20年ほどで世界第2位の経済大国にまで成長します。一人当たりGDPまで考慮すれば、80年代には、日本は世界で最も豊かな国といえるほどになりました。

戦後日本の急成長を支えたのは国民の脳みそだけでした。国土から石油は出なくても、日本人は1億個の脳みそから価値を生み出していたわけです。そして、この状況を作り出した要因の一つが、筆者が「価値創造の民主化」と呼ぶ経営思想でした。

昭和の日本を代表する企業の経営手法には不思議なほど共通点があります。具体的には温情主義経営、経営家族主義、トヨタ生産方式、ワイガヤ、日本的品質管理、アメーバ経営、QCサークル活動、改善活動、三方よし経営……。これらには「価値創造の民主化」と表現できる共通の思想が見え隠れするのです。ただし、あくまでこれは理念であって完璧《かんぺき》に実現できた会社は存在しないことに留意が必要です。

価値創造の民主化には、①顧客・従業員・株主・債権者・取引先・社会・経営者などの利害関係者みんなが仲間として一緒に価値創造に取り組む、②価値創造に必要な知識が組織内で幅広く教育され共有される、といった特徴があります。

価値創造の民主化においては、すべての人がそれぞれの立場から価値創造に貢献する役割を持っています。

- ・上司の役割は部下の価値創造の障害であるムダな仕事を取り除くこと
- ・顧客の役割は、製品の価値を理解し消費を通じて経営の原資を提供すること
- ・経営者の役割は豊かな共同体を永続させるべく次の経営者を育てること
- ・従業員の役割は次の経営者候補として仕事に責任を持って取り組むこと
- ・株主の役割はアイデアと能力を持つ人の資金不足を乗り越えさせること
- ・重鎮の役割は後進の成長を自分事として喜び、経験知を後世に残すこと
- ・政府の役割は国内インフラ整備と外交で企業成長の制約を取り除くこと

すなわち、仕事を楽しく作り替え、生産性も上げる人が産官学のリーダーとして尊敬される社会に向かうのが価値創造の民主化でした。「みんなで豊かになる」という発想です。

日本の戦後復興を支えた「価値創造の民主化」

日本の資本主義の父・渋沢栄一《しぶさわえいいち》も「一個人がいかに富んでいても、社会全体が貧乏であっ

図 6-3　価値創造の民主化

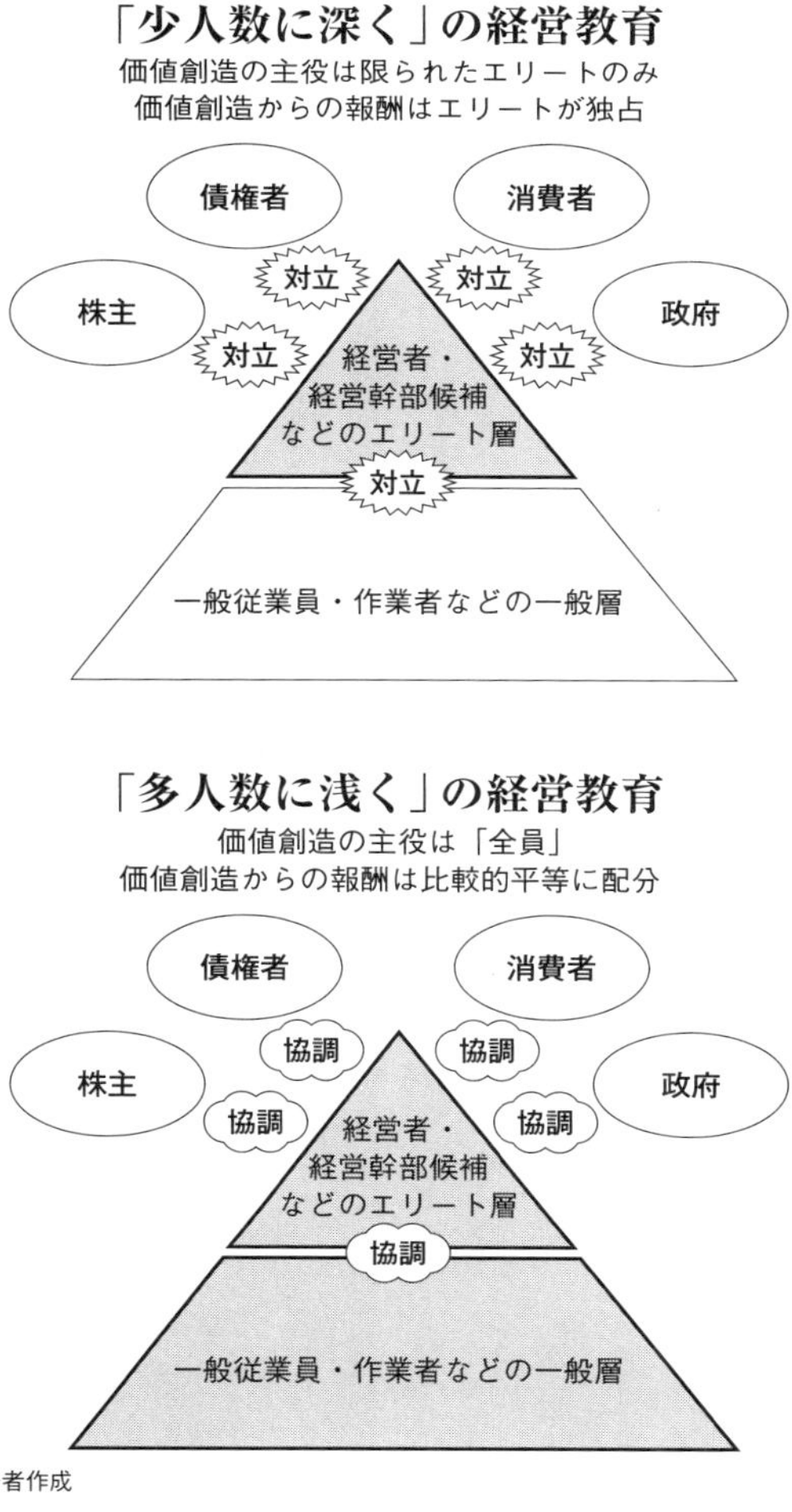

出所：筆者作成

たら、その人の幸福は保証されない。その事業が個人を利するだけでなく、多数社会を利してゆくのでなければ、決して正しい商売とはいえない（『渋沢栄一自伝　雨夜譚・青淵回顧録（抄）』〔角川ソフィア文庫〕）」と説いていました。

価値創造の民主化は「誰もが価値を生み出せる」という前提に立っています。だからこそ、多人数に薄く広く経営教育をおこなっていきます。そして、価値は好きなだけ生み出せばいいわけですから、報酬も比較的平等に配分していきます。これに対して、典型的なアメリカ式のMBA教育は、価値創造の主役をエリートに限定して、少人数に深く経営教育をおこなうわけです。そこでは希少な価値を奪い合うための経営戦略論が教えられ、価値創造からの報酬はエリートが独占しました（図6-3）。

価値創造の民主化を推し進めたのは財界だけではありませんでした。東京大学の故・石川《いしかわ》馨《かおる》教授や日科技連等によって、品質管理の知識がごく簡単な七つの思考道具（＝QC七つ道具）としてまとめられて無償で日本中に配布されたのです。こうして、価値創造の民主化に中身がともなうようになりました。チェックシート、特性要因図（魚の骨図）、散布図など今でもビジネス現場で使われる統計的品質管理の知識はこのときに普及したものです。アメリカでは大学院生しか知らないような統計学の知識を、日本では中卒・高卒で工場作業者となった人たちが使いこなすようになりました。

理屈は後述しますが、事実として日本式の価値創造の民主化は戦後から80年代までグローバル競争において勝利をおさめました。しかし、日本は平成に入ってから価値創造の民主化を捨ててしまい、代わりにアメリカの先端的企業家たちがこれを取り入れました。そこから日本企業の凋落《ちょうらく》が続いているのは周知の通りです。

価値創造の民主化は、従業員と経営者、株主と経営者、自社と取引先など、本来ならば利害が衝突し対立するはずの関係を協力関係に一変させました。しかも、これはよくよく考えれば論理的にも正しい経営のやり方でした。なぜなら、「仮定1：どんな仕事も他者の協力があってはじめて実現できる」「仮定2：経営教育によって成果がわずかでも上がりやすくなる」という当たり前の仮定を置くだけで、「組織の経営成果は、経営教育がいきわたっている人数乗で向上する」という結論になるからです。

1000人の組織で考えてみましょう。仮定1から仕事の成果は掛け算で向上していくと考えます。普通の人は1の成果を上げるとしましょう。つまりスタート地点の生産性は1の1000乗で「1」です。

ここで、一人だけとんでもなく優秀な人に入れ替えたとします。生産性が普通の人の100倍という化け物みたいな天才です。すると、天才一人と普通の人999人がいる組織の場合の成果は100×1×……×1＝100倍となります。

それでは、今度は1000人すべての能力をたった1％だけ向上させるとします。この場合の成果は、1・01×1・01×……×1・01＝約20959・2倍となります。実際には、業務におけるボトルネックなど他にも考える必要はありますます（その場合はますます価値創造の民主化の強さが再確認されます）が、単純な思考実験においてもたった一人の天才よりも1000人の努力のほうが200倍優《い》れているわけです。

さらに、現実には、天才を活かすためにも周囲にそれをサポートする人たちがたくさんいる必要があります。つまり天才が天才として活躍できるためにも、価値創造思考を持った人たちが世の中にあふれる必要があります。この点は次章で説明しますので、ここでは省略します。

価値創造の民主化には二つの発想転換があります。まず、「顧客・従業員・株主・債権者・取引先・社会・経営者などの利害関係者みんなが仲間として一緒に価値創造に取り組む」ためには、「資源は有限であっても、価値は無限でありうる」という発想転換が必要です。さらに、「価値創造に必要な知識が組織内で幅広く教育され共有される」ためには「価値を生み出すのは、土地でも機械でもなく、知識である」という発想転換が必要でしょう。

このとき「価値は創り合えるし、知識は土地や機械と違って共有しても減らない」わけですから、価値創造のための知識を独占するのは無意味です。しかも、知識は放っておいても広がってしまいます。それならば、いち早く組織内で経営教育を進めてしまって、創造性の高い組織にして豊かさを分配するほうがよいでしょう。

しかも、価値創造の民主化は、仕事を楽しいものに変えながら生産性も向上できる可能性さえ持っています。なぜなら、価値創造の民主化によって、「価値を生み出す一番大事な資源は人間であって、価値創造の障害となるムダな仕事を取り除くのが経営の役目だ」という信念が強まるからです。無意味な会議や誰も読まない書類作成に時間を使わせるのは、最重要資源のムダづかいということになります。

仕事の楽しさと生産性は両立できる

多くの人が「仕事がキツイ」と感じる仕事は、価値を生む創造的な仕事ではなく、価値を奪うだけの無意味な仕事のほうでしょう。価値創造の主役が人間だと誰もが分かるようになれば、人間にムダな労力を使わせるだけの仕事を減らし、他者が価値創造に集中できる状況を作り上げることが誰にとっても合理的な行動になります。

実際に、松下幸之助《まつしたこうのすけ》も「部下に大いに働いてもらうコツの一つは、部下が働こうとするのを、邪魔しないようにするということだ（『商売心得帖』ＰＨＰ文庫）」という言葉を残しています。

こうした信念に基づいて、他者を苦しめるだけのムダをなくすことで創造性を高める。肩書きに関係なくすべての人間が経営の仲間として尊重される。同時に従業員の給与も福利厚生も高まる。そうした好循環が生まれていたのが、価値創造の民主化の特徴でした。

日本式経営の本質は価値創造の民主化でした。終身雇用・年功序列・企業別労働組合などは本質ではなかったというのが筆者の考えです。実際に、価値創造の民主化は高度経済成長期の中小中堅企業でも見られましたが、終身雇用・年功序列・企業別労働組合などはごく一部の大企業にしか見られませんでした。

このように、価値創造の民主化には、仕事を楽しいものに変えつつ、組織の創造性・生産性も上げる力があるわけです。ですから、価値ある知識を独占せずに組織内で共有するほうが長期的には個人にとってもメリットがあるといえるでしょう。実際に、高度経済成長期の日本企業にはそうした特徴がありました。

ここで、読者の方々には疑問がわいてきたと思います。現在の日本は価値創造の民主化とはほど遠いのではないか、と。まさにその通りなのです。日本は価値創造の民主化という日本企業の「強み」を捨てました。そして、その「強み」を愚直に取り入れたのはむしろアメリカ企業のほうだったのです。

ここで「日本企業はなぜ価値創造の民主化を捨ててしまったのか？」「アメリカ企業はいかにして価値創造の民主化を取り入れたのか？」という二つの疑問に答えていきたいと思います。

日本企業が価値創造の民主化を捨ててしまった原因を考える前に、そもそも価値創造の民主化が生まれた背景を考える必要があります。筆者はそれが戦後の「人間の脳みそ以外に資源がない」という状況にあったと考えています。しかも、誰もが豊かさを渇望していて需要が大量にあり、朝鮮戦争の特需もありました。「何を作れば売れるか」も欧米を真似すればいいので明らかでした。欧米というゴールに向かって全力疾走すれば勝てる時代です。

需要が明らかで働けば働くほど豊かになれる状態でしたから、まさにヒトこそが価値の源泉だったわけです。同時に、農地改革や財閥解体、公職追放などによって、地主や株主は権力を失いました。１９４５年の前後10年の時期に、賃金と物価は約２００倍になりましたが、株価と地価はせいぜい10～１００倍にしかなりませんでした。

インフレは、相対的にはカネがヒトよりも価値がない状態です。ヒトのほうが価値を持つからこそ、給料も物価も上がっていくわけです。こうしたインフレ状況は「自分の労働力こそが富の源泉だ」という信念を社会全体に浸透させたと思われます。

このとき、経営には大原則があります。それは「希少資源を持つ会社は成功する」という原則です。ですからインフレ下では希少資源であるヒトを集めて最大限活用する価値創造の民主化が成功したわけです。

しかし、総合GDPがアメリカに次いで世界第2位、一人当たりGDPもスイスに次いで世界第2位という、両者を合わせて考えれば日本の豊かさが頂点に達した80年代から大変化が起こります。

カネとヒトの価値逆転という不幸

この時期の前後に、①変動相場制（第二次ニクソンショック以降）、②グローバル化（冷戦終結以降）、③資本主義という、「通貨価値が上下に大きく変動する3要素」が揃いました。

変動相場制によって通貨に価値の裏付けがなくなります。グローバル化によって通貨が世界中を移動するようになりました。さらに、資本主義によってなんでもお金で買える世の中になったわけです。これら三つとも、お金の価値が極端に上がるか／極端に下がるかという状況をもたらします。

お金に価値の裏付けがなくなれば、お金の価値は下がるのが普通でしょう。しかし、1980年代から2020年代までの40年間で、日本だけが半分の20年も通貨価値が上がってし

図 6-4　日本の対外純資産の推移

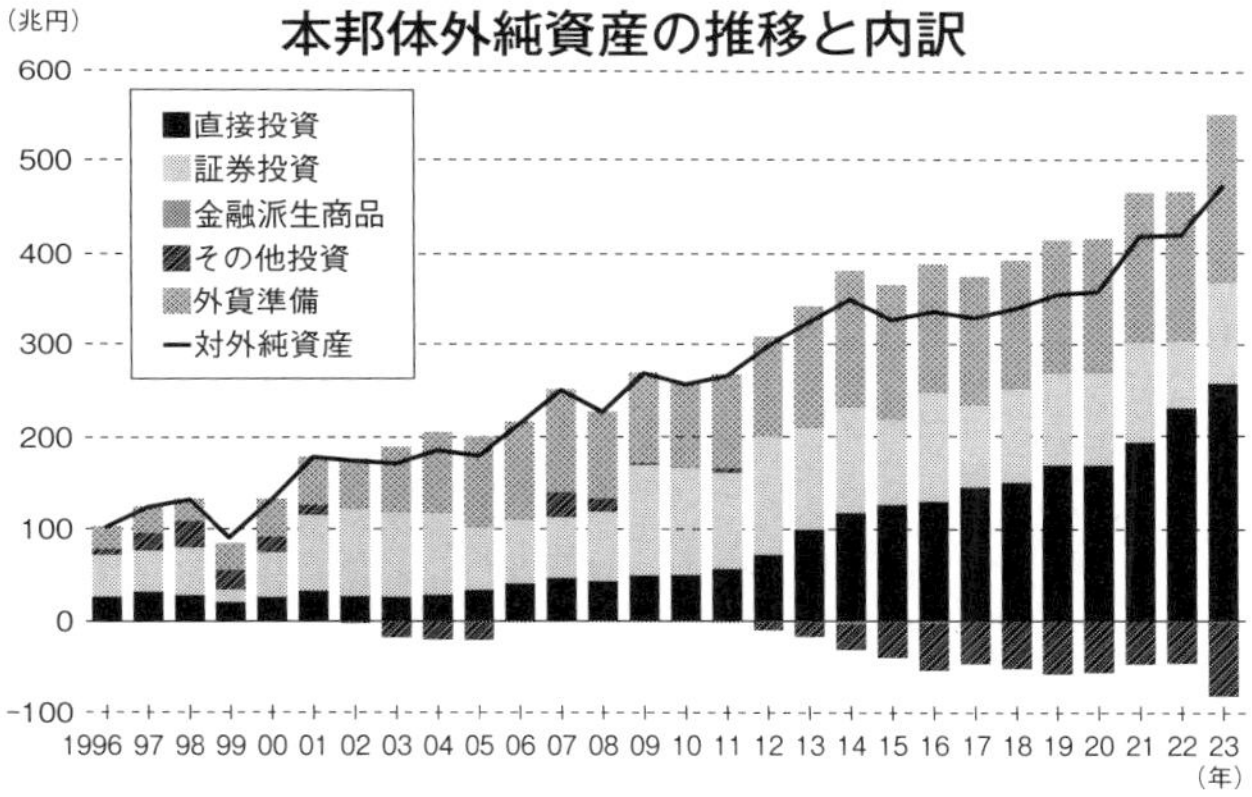

出所：財務省「本邦対外資産負債残高の推移（時系列データ）（年次改訂後の最新の計数）」

まうデフレになりました。日本以外の先進国はせいぜい1～2年のデフレしか経験していないのにもかかわらず、です。

その背景には国際政治と日本自身のパニックがありました。

まず、1985年のプラザ合意によって円高誘導が決まります。さらに、80年代後半には冷戦終結によって日本のお隣に中国という低賃金国が出現することになりました。

日本の円が高くなることが決まっているのだから、円をなるべく使わないほうが得します。では円を使わざるをえないものは何か。それは日本人の給料であり、日本で の生産費用であり、日本製品であり、日本企業の株です。では代わりに誰を雇って、どこで生産をして、何を買うか。当然ながら、中国で人を雇って、中国に生産拠点を移し、アメリカ製品を買って、アメリカの株に投資するということになります。

こうして日本企業は高くなった円を国内で吸い上げて海外で使うようになったわけです。個人投資家も同様です。日本株よりもアメリカ株という風潮は今でも続いています。

日本は33年連続で対外純資産額世界1位です。前ページのグラフ（図6-4）から分かる通り、国外に持っている資産と負債を差し引きすると資産が400兆円以上も多いのです。アメリカと対比するとさらに興味深いです。アメリカは対外純負債2000兆円ほどですから、日本はアメリカと比べても2400兆〜2500兆円もの大金を海外に対して持っているということになります。

こうして日本には対外的な円高と国内的なデフレが同時にやってきました。きっかけは国際政治でした。とはいえ、日本企業も日本人も高まり続ける円の価値に踊らされてこれを海外に投資するだけで、国内で価値を創るという仕事を重視しなくなりました。日本で「生産をしない」のだから国内総「生産」＝GDPが下がるのは当たり前です。

しかも、日本ではカネの価値が2倍、3倍、4倍と急激に上がったのに対して、ヒトの価値創造能力はそこまで急激には上がりませんでした。ですから、実際にヒトよりもカネを重視する投資思考が成功を収めるようになりました。

経営の原則は「希少資源を持つ会社は成功する」です。平成日本では希少資源がヒトからカネへと180度変わってしまいましたので、価値創造の民主化を愚直に続ける会社が競争に勝てなくなったのです。

カネが希少資源に変わってしまったら成功するのは「希少なカネの使い方が上手《うま》い企業」でしょう。ですから、円高・デフレ下の平成日本ではカネを守るための経営戦略、カネを守るためのファイナンス、カネを守るためのコーポレートガバナンスが流行しました。カネを守る術《すべ》はアメリカが先行していましたから、闇雲にアメリカに追従する似非《えせ》経営が流行してしまったのです。しかもたちが悪いことに、それが経営の原則からして「実際に成功する」という状況だったのです。

実際、昭和の有名経営者といえば本田宗一郎《ほんだそういちろう》や松下幸之助のような「ヒトが集まってくるリーダー」、平成の有名経営者といえば「カネが集まってくる（投資家ウケする）インフルエンサー」というイメージではないでしょうか。こうして日本企業は価値創造の民主化を捨てていったわけです。

日本が捨てた経営、アメリカが学んだ経営

一方のアメリカは、価値創造の民主化を愚直に学んでいました。

先ほど、日本が価値創造の民主化を捨てるきっかけとなった事件としてプラザ合意を挙げました。このプラザ合意を実行したのはレーガン大統領とマルコム・ボルドリッジ商務長官でした。この二人は、プラザ合意の翌々年に、マルコム・ボルドリッジ国家品質賞を創設しました。これは、ＱＣサークル活動、改善活動、日本的品質管理などの価値創造の民主化的な日本式経営を「全社的品質管理（Total quality control, ＴＱＣ）」と呼びかえて、これらの手法を取り入れたアメリカ企業を大統領が直々に表彰する制度です。

しかも、アメリカ政府は単に価値創造の民主化を取り入れただけではありません。日本が基本的には製造業のみで実践していた経営手法を、アメリカは病院・スーパーマーケット・学校・ソフトウェア開発など幅広い業種に応用していったのです。この点はアメリカ政府の慧眼《けいがん》を素直に見習うべきでしょう。

プラザ合意の翌年には、ボストン・コンサルティング・グループの創業者ブルース・ヘンダーソンが価値創造の民主化の具体例の一つであるトヨタ生産方式についての論文を著しています（図６‐５）。

図 6-5　ブルース・ヘンダーソンの1986年論文

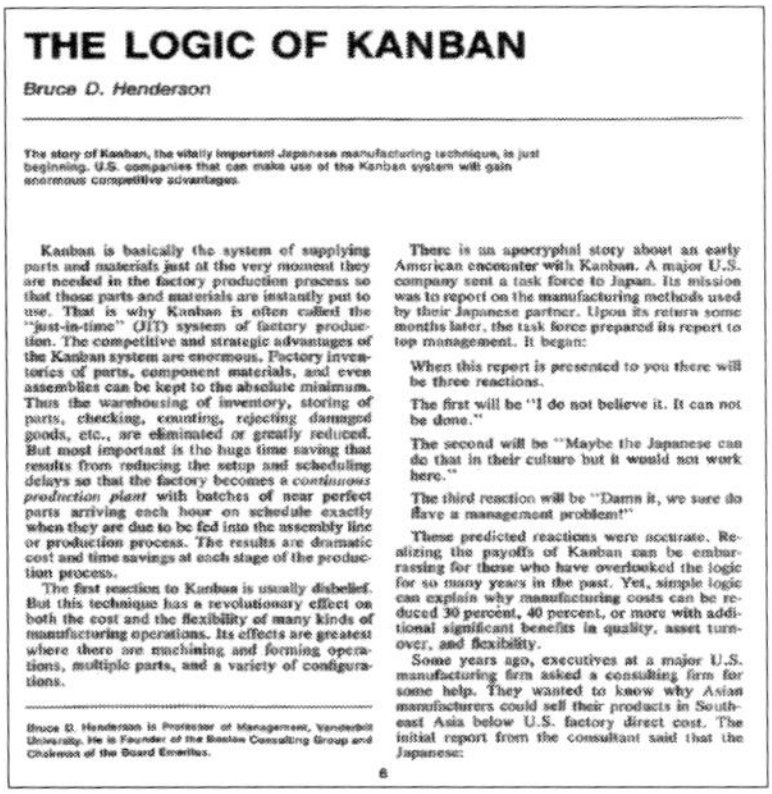

THE LOGIC OF KANBAN

Bruce D. Henderson

The story of Kanban, the vitally important Japanese manufacturing technique, is just beginning. U.S. companies that can make use of the Kanban system will gain enormous competitive advantages.

Kanban is basically the system of supplying parts and materials just at the very moment they are needed in the factory production process so that those parts and materials are instantly put to use. That is why Kanban is often called the "just-in-time" (JIT) system of factory production. The competitive and strategic advantages of the Kanban system are enormous. Factory inventories of parts, component materials, and even assemblies can be kept to the absolute minimum. Thus the warehousing of inventory, storing of parts, checking, counting, rejecting damaged goods, etc., are eliminated or greatly reduced. But most important is the huge time saving that results from reducing the setup and scheduling delays so that the factory becomes a *continuous production plant* with batches of near perfect parts arriving each hour on schedule exactly when they are due to be fed into the assembly line or production process. The results are dramatic cost and time savings at each stage of the production process.

The first reaction to Kanban is usually disbelief. But this technique has a revolutionary effect on both the cost and the flexibility of many kinds of manufacturing operations. Its effects are greatest where there are machining and forming operations, multiple parts, and a variety of configurations.

Bruce D. Henderson is Professor of Management, Vanderbilt University. He is Founder of the Boston Consulting Group and Chairman of the Board Emeritus.

There is an apocryphal story about an early American encounter with Kanban. A major U.S. company sent a task force to Japan. Its mission was to report on the manufacturing methods used by their Japanese partner. Upon its return some months later, the task force prepared its report to top management. It began:

> When this report is presented to you there will be three reactions.
>
> The first will be "I do not believe it. It can not be done."
>
> The second will be "Maybe the Japanese can do that in their culture but it would not work here."
>
> The third reaction will be "Damn it, we sure do have a management problem!"

These predicted reactions were accurate. Realizing the payoffs of Kanban can be embarrassing for those who have overlooked the logic for so many years in the past. Yet, simple logic can explain why manufacturing costs can be reduced 30 percent, 40 percent, or more with additional significant benefits in quality, asset turnover, and flexibility.

Some years ago, executives at a major U.S. manufacturing firm asked a consulting firm for some help. They wanted to know why Asian manufacturers could sell their products in Southeast Asia below U.S. factory direct cost. The initial report from the consultant said that the Japanese:

6

出所：Henderson（1986）p.6

ボストン・コンサルティング・グループをはじめとする世界的な戦略コンサルティングファームは、少なくとも初期には日本の経営を「売れる商材」と考えていたといいます。こうして、日本企業の価値創造の民主化という強みは民間ルートでもアメリカをはじめとした諸外国に取り入れられていきました。

政府と民間の二つのルートでアメリカに取り入れられていった価値創造の民主化は、やがてメガベンチャーを生み出すにいたります。たとえば、アマゾンのジェフ・ベゾスにいたっては、株主総会において日本の改善活動から経営を学んだと公言しています。アマゾン本社にはKAIZEN本部という部署が置かれているほどです。さらには、アマゾンのシステム開発においても、日本の改善活動で使用されるアンドン（行燈）という考え方を取り入れたりしています。多くのシリコンバレー起業家に読まれた『リーン・スタートアップ』もまた、トヨタ生産方式を応用したものでした。

このように、価値創造の民主化はこれからの時代の個人にとっても、組織にとっても重要なものになると考えられます。実際に、世界最先端の企業家も価値創造の民主化を経営に取り入れているほどです。

日本企業は過去には価値創造の民主化において世界最先端でした。しかし、平成以降にその強みを捨ててしまいました。一方のアメリカ企業は愚直に価値創造の民主化を学びました。それどころか、アメリカ企業はそれを抽象化して進化させて製造業以外にも普及させていきました。

ですから、いまさら「昭和に戻ろう」ではダメなのです。

日本企業が過去の「強み」を取り戻しても、世界は先に行っていますからそれだけでは勝てません。それに、すでに述べている通り、高度経済成長期の「需要＝ゴールが明らかな競争」から「適切なゴールを設定する競争」へと時代は変化しています。日本が先進国入りしたからこそ、欧米に追い付け追い越せではいけません。欧米よりも先に行かないといけないわけです。

ゴールが明らかな競争は、まっすぐ走れば勝てる100メートル徒競走のようなものです。ひたすら練習してフォームを改善して気合と根性で他人の何倍も頑張れば勝てる確率が高いでしょう。しかし、ゴールが不明瞭《ふめいりょう》な競争は、お題にそったものを探し出す借り物競走や迷路からの脱出競争のようなものです。どこに課題があってどこにお目当てのもの（ゴール）があるのか分かってから走り出さないと、気合と根性だけでは苦しいだけで成果はでません。

過去の日本はゴールが明らかだったからこそ、品質管理のための知識（QC七つ道具など）を配ってがむしゃらに改善活動をおこなうことで勝てました。世界一高品質な製品・サービスを世界一低価格で提供すればよかったのです。しかし、環境変化から考えても、これからはそれ「だけ」では勝てないでしょう。だからこそ、「QCからVCへ」の変化が求められているというわけです。だからこそ、品質管理におけるQC七つ道具に代わるものとして本書は価値創造（VC）三種の神器を提案していました。

本書第一章からここまで、経営における二つのパラダイムを念頭において議論してきました。過去の日本企業が理念を提案してアメリカの先端的実務家を生んだ「価値創り合い」のパラダイム。そして、アメリカ企業の過去の武器だった一見するとカッコよくてクールな経営戦略論的な「価値奪い合い」のパラダイム。この二つを相対化するには哲学が必要だと述べました。何も学問としての哲学でなくてもかまいません。自分はどう生きていきたいのか、何が善なのかについて考える必要があるということです。

本書のワークを通じた価値創り合いの実践と、本章の経営論を通じて、読者の方々それぞれに二つのパラダイムを相対化する視点と哲学が生まれ始めたのではないかと思います。

そこで次に、この視点をもう一歩進めてみます。本章で価値創造によって個人と組織がどう変わるかはみてきました。ですから次は価値創造によって社会全体がどう変わるのかについて考えてみましょう。

果たして社会と世界はどう変わっていくのでしょうか？

第七章　これから社会と世界はどう変わっていくのか？

このあたりで本書の内容をおさらいしておきましょう。

私たちの「苦しさ」の正体は「価値あるものの奪い合い」でした。そして、価値奪い合いは「価値あるものは有限だから他者から奪うしかない」という思い込みから生じています。ですから、価値奪い合いから脱するには「価値創り合い＝価値創造」が可能だという思考の転換が必要だったわけです。

このとき、価値奪い合いは価値有限という前提から出発し、価値創り合いは価値無限という前提から出発します。つまり両者は「パラダイム＝思考枠組み」が１８０度異なる思想なのです。二つのパラダイムを使いこなすためには、パラダイムの上位にある人生観・哲学が必要でした。

そこで、実際に価値創造を体感してもらいつつ、二つのパラダイムの背後にある経営論をおさえていただきました。これによって、読者の方々それぞれに二つのパラダイムを使いこなす視点が生まれる手助けをおこなってきたわけです。

こうして抽象的な思想から具体的な実践に降りてきて、再び抽象的な思想へと戻ってきました。

これは本書の冒頭で予告していたことでもあります。

経営学の特徴は客観的な「上空からの視点」と主観的な「目線の高さの視点」を恐れずに

往復するところにあります。企業経営だけでなく非営利組織や政府の経営、家庭や人生の経営まで扱う経営学の特徴は、従来言われていたように研究対象で（会社の経営を扱う学問というように）決まっているわけではありません。むしろ、この「視点の往復」こそが本質的な経営学の特徴だと筆者は考えます。

この往復運動には学問としてはかなりの不正確さと評判悪化のリスクがともないます。実践に降りてくる段階で、どうしてもあいまいで根拠に乏しい点が出てくるからです。経営学は、そのリスクを取れる数少ない学問分野だと思います。

経営学が上空だけにとどまって「自分は賢いんだ。学問は分からないほうが悪いんだ」と評論家的に居直れるなら楽でしょう。しかし、経営学には「目の前の人の役に立ちたい」という使命感があります。たとえボロボロに見えても、鮮やかでなくても、役に立つと言ってくれる人がいて、実際に一定の成果が出ていればそれでいいのです。あとは実践のデータをもとに改良を続ければいいという発想が経営学にはあります。

しかし、これだけの学問的なリスクを取ってまで目指す未来が、誰もが「心から良い」と思えるものでなければ無意味です。ですから、本書が提案する価値創造という思想がどのような社会と世界を実現するのか描いてみせる必要があるでしょう。

脱有限と脱有形のポスト資本主義の姿

そこで本章のテーマになるわけです。価値創造の民主化によって社会と世界はどう変わっていくのか。価値創造の民主化が、個人と組織にとってのメリットにとどまらず、より広く社会と世界にとってどんなメリットをもたらすのか考えていきます。

本書はここまでで二つの発想転換を提案していました。一つめは、「価値有限」から「価値無限」への発想転換です。こちらのほうはすでに何度も確認済みでしょう。もう一つは、「有形生産手段」から「無形生産手段」への発想転換です。こちらはすぐにピンとくる人は少数派だと思います。次に詳細を説明していきます。

価値は創り合いができます。脳みそと身体を使って地球を組み替えることで、新たな機能を取り出し、その機能に人間は価値を感じることができるからです。その意味で、我々は人口の数と同じ数の油田や金鉱を脳みそと身体とに持っているようなものです。もし通常の油田や金鉱が大量に見つかっても、石油や金の価格が下がるだけです。しかし、価値を生み出す脳みそと身体が大量にあれば、多様な価値が生まれます。通常の石油や金と違って、多様な価値は多様ですから価値が下がりません（専門的にはこれを「差別化」といいます）。

通常の油田や金鉱には掘削の必要性があります。同様に、人間の脳みそと身体が価値を次々と創造できるようになるのにもある種の掘削が必要です。価値が出てくるように脳みそを掘る。価値を実現できるように身体による行動がともなうようにする。そのために色んな道具をインストールする必要があるのです。そして、脳みそと身体にとっての掘削道具とは「知識」と「意識」だと考えられます。

通常の石油と金を掘るには広大な土地と機械が必要です。ですから、これらを独占する資本家だけが豊かになり、労働者は搾取されます。このとき、お金を生み出すために必要な道具のことを「生産手段」といいます。土地や機械は生産手段ですが、目に見えて有限な「有形生産手段」です。有形生産手段を共有するには、資本家から労働者が有形生産手段を「奪う」革命しかなくなります。

でも、価値ならどうでしょう。価値を生み出すのは経営知識と経営意識です。前章でみてきたように、これらを持つ人や組織は豊かになり、持たざる人・組織は貧しくなるでしょう。ここまでは先ほどと一緒です。しかし、この先は違います。

知識と意識という生産手段は目に見えず無限に増殖可能です。知識と意識は誰かと共有しても減りません。資本家と労働者が奪い合いをする必要がないのです。ほんのちょっとお互いが歩み寄るだけです。経営者は経営知識と経営意識を従業員に共有する。従業員は自分も人生の経営者だという意識を持って仕事に前向きな責任を持つ。それだけです。

豊かさを生み出すための道具も無限、その道具を使って生まれる成果も無限。本書が提案する「価値創造の民主化」ならば、有限の価値を奪い合う資本主義の限界も、有形（有限）の生産手段を奪い合う共産主義の限界も、超克できます。カネの論理とヒトの論理の「いいとこどり」ができるのです（図7-1）。

これこそがポスト資本主義社会の姿ではないでしょうか。

日本はこれまで昭和のヒト重視の経営から平成のカネ重視の経営へと大きく揺れました。明治はカネ重視でした。令和は再びヒト重視になったと筆者はみています。筆者は、こうした時代ごとに大きく揺れ動く社会を「ヒトの論理とカネの論理の間で揺れる、知的ヤジロベエ社会」と呼んでいます。

ヒトの論理を信じる人はカネの論理を信じる人を悪魔や俗悪とののしります。カネの論理を信じる人はヒトの論理を信じる人を無知や偽善とののしります。しかし、日本社会の真実の姿は、「お互いに不完全な二つの論理」を行ったり来たりしていただけだったのではないでしょうか。

大事なのは二つの論理を信奉する人が互いに歩み寄ることだと思うのです。

図 7-1　ポスト資本主義の可能性

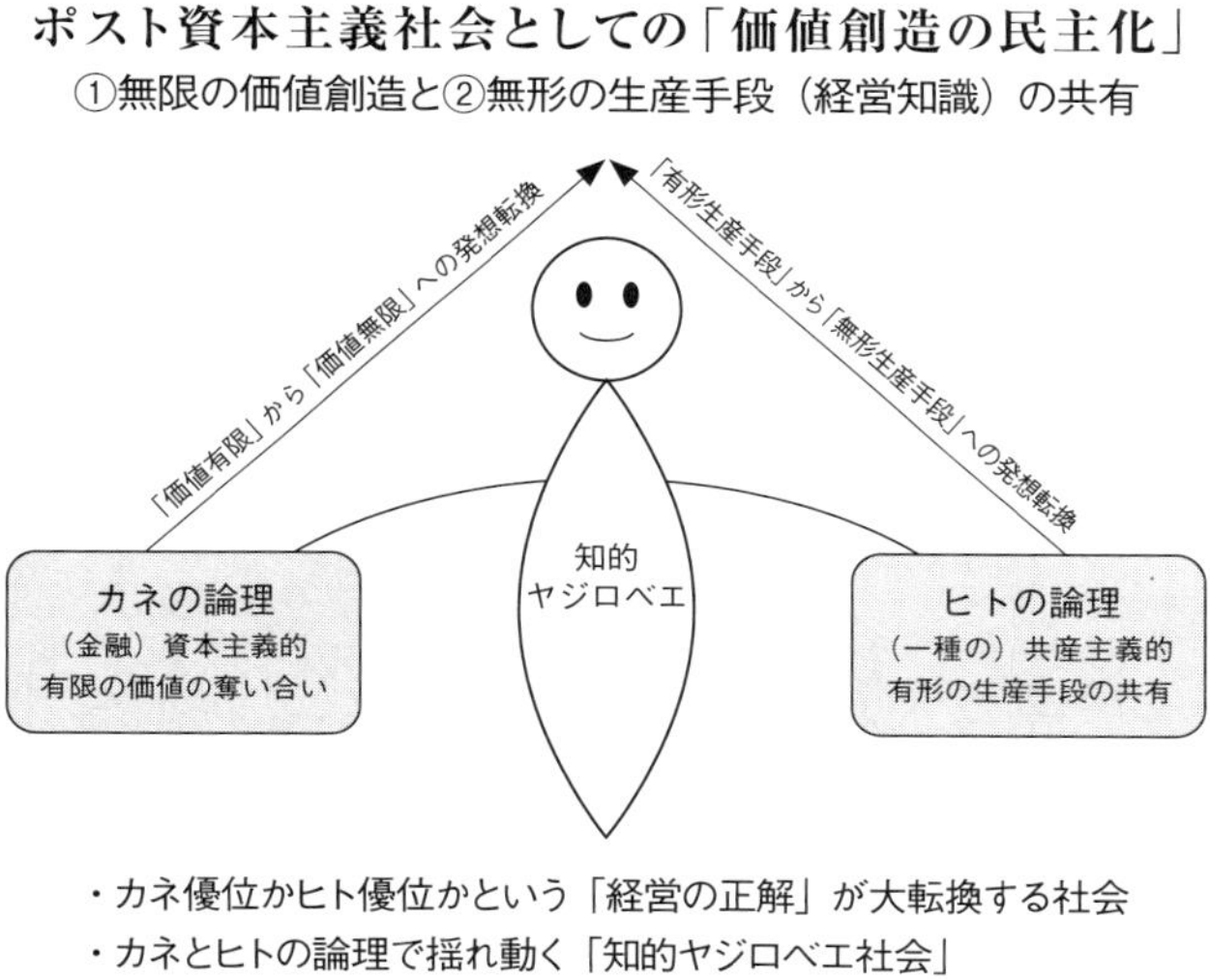

出所：筆者作成

解決不能な社会問題はない

そうすれば、ポスト資本主義社会へ、つまり奪い合いから脱して互いに豊かな共同体を創り合う社会へと一歩を踏み出せるかもしれません。その可能性がわずかでもあるならば、挑戦してみる価値はあるでしょう。

誰もが価値の創り合いを目指して経営意識と経営知識を持つ。こうした社会において問題解決できる現代の難問をいくつかみてみましょう（図7-2）。

まずは経営者による労働者搾取の問題です。経営者も労働者もそれぞれ欲望があります。その欲望を未来創造の円形の二回変換でビジョンにしてみたらどうなるでしょうか。あるいは、経営者と従業員には給料を上げるか上げないかという対立があります。これを問題解決の三角形で解消したらどうなるでしょうか。どうしても経営者と労働者の対立が避けられないのなら、七転八起の四角形で次の一手を考えたらどうなるでしょうか。

VC三種の神器を使っていけば、こうした難問にも答えが出てきます。たとえば、ストックオプション（自社株購入権）を配って経営者と従業員とが同じ方向を向く。会社製品を安く買えるポイントを配る。自己株式を購入し、1年後に業績を上げて株価が上がったら、自己株式処分差益を確定させて従業員にボーナスを配る。こんなふうに、誰もが納得いくまで100個でも1000個でもアイデアを出し続ければいいのです。

高齢者医療と社会保障費負担の問題も同じです。いまは、高齢者や様々なハンディキャップのある方を攻撃する過激な言説が現役世代から繰り返し出てきます。現役世代が苦しいのは事実でしょう。筆者だって現役世代ですから分かります。しかし、分断と排除ではない解決方法はあるはずです。VC三種の神器をみんなで使いこなして1万いや1億のアイデアを出し、1億分の1の奇跡的な解決方法を採用すればいいだけです。

たとえば、高齢者医療のビッグデータを集積し、これを解析して新たな医薬品を作って世

図 7-2　現代の難問を解決する価値創造思考

価値無限思考で対立解消できる例

- 経営者による労働者搾取の問題
- 高齢者医療と社会保障費負担の問題
- 過疎地域の「ぽつんと一軒家」の問題

出所：筆者作成

界中で売るのはどうでしょう。AI時代においてデータはエネルギー源です。日本には世界一高品質な医療を受けた人が世界一多くいます。つまりは世界一の質と量の医療データがあるということです。たとえば元気な人の腸と病気の人の腸のデータを大量に解析して、元気な人の腸を再現する薬品を作ると、腸由来の病気は治ってしまうかもしれません。

過疎地域の「ポツンと一軒家」の問題も同じです。いままでは、政府中枢からさえ「過疎地域に住むのは贅沢《ぜいたく》だ。都市部に住め」という声がきかれます。インフラ整備のお金がもったいないから、人が多いところに強制移住させたいというわけです。強制移住という考えはホロコーストの思考です。他人を道具だと思う発想でしょう。

しかも、もしも過疎地域から地方都市に強制移住させても、次は「地方都市に住むのは贅沢だ。七大都市に住め」となることは容易に想像できます。その次は「七大都市に住むのは贅沢だ。東京に住め」となるでしょう。誰もが都市部に住んだら、都市部で住む人が食べる海産物は誰が獲《と》るのか。農作物は誰が育てるのか。あるいはそうした仕事に従事する人の生活を支える財・サービスは誰が提供するのか。きちんと考えないといけません。

とはいえ、際限なくインフラ整備はできないというのも事実でしょう。ならばVC三種の神器を使ってみましょう。「人があまり住んでいないのにインフラの整備はしっかりしている」ことの価値を発見して、費用負担というマイナスを打ち消してみましょう。

たとえば、自動運転の実験がやりやすい。航空宇宙開発の実験がやりやすい。ドローン事業化の実験がやりやすい、などです。だとすれば、「過疎地域をある種の研究開発特区として世界中の研究者・事業家が集まる場所にしてみる」のはどうでしょう。そこから生まれた技術の権利の一部を政府が持つだけで、インフラ整備費はまかなえるかもしれません。

「価値（イノベーション）は創ればいい」という発想

これらのアイデアに実行可能性がないと思われた方もいらっしゃるでしょう。

しかし逆なのです。いまはこれらに実行可能性がないからこそ書いています。問題解決不能と思われている問題でさえ、価値創造思考であればいくらでもアイデアが出ることが大事なのです。これに1億人で取り組めば、より具体的なアイデアと実現のための人的ネットワークができて、本当に解決できるかもしれません。

その意味で、本書は問題への答えを書いているのではなく、問題の「解き方」を書いています。実際にみんなであらゆる問題を解いていって、あるいは未来の問題を設定していって、それを七転八倒しつつ七転八起で実行していって、もう一度豊かになろうというのです。

本書は次のような主張をしてきました。

①資源は有限でも、資源の組み合わせ方は無限であり、資源の組み合わせ方から価値は生まれるから、価値創造は無限でありうる。
②価値無限というパラダイム（思考枠組み）ならば、分断は起きようがない。
③価値創造をおこなうために必要な経営知識と経営意識という資本（生産手段）は無限に増殖可能である。
④日本において「失われた30年」でこびりついた価値有限思考という「思考のクセ」から脱

却しなければいけない。

こうして私たちを縛っている価値有限思考から脱却すれば「みんなで豊かになる」という怪しげだと思われがちな主張が現実味を帯びてきます。「お金は好きなだけ刷ればいい」だと心配でも、「価値（イノベーション）は好きなだけ創ればいい」であれば、世界中の人が納得するでしょう。

しかも、誰もが価値を創り合う主体となる「価値創造の民主化」こそが、次の世代を支えるユニコーン企業を生み出す原動力になるとも考えられます。

時価総額10億ドル以上で設立10年以内の未上場スタートアップである「ユニコーン企業」という言葉をきいたことがある方もいらっしゃるかもしれません。ユニコーン企業は、次の100年の社会を支える基幹企業になりうる企業です。

すこし寄り道しますが、世界的に「起業する人」の割合が多い地域はどこかご存じでしょうか。次ページにある図をみてイスラエルかアメリカだと思われたかもしれません。でも、ここできいているのはユニコーン企業ではなく規模を問わない単純な起業の数。ドミニカ共和国、スーダン、チリ、グアテマラなど……、実はアフリカや中南米なのです（『Global

図 7-3　人口 1000 万人当たりのユニコーン企業数

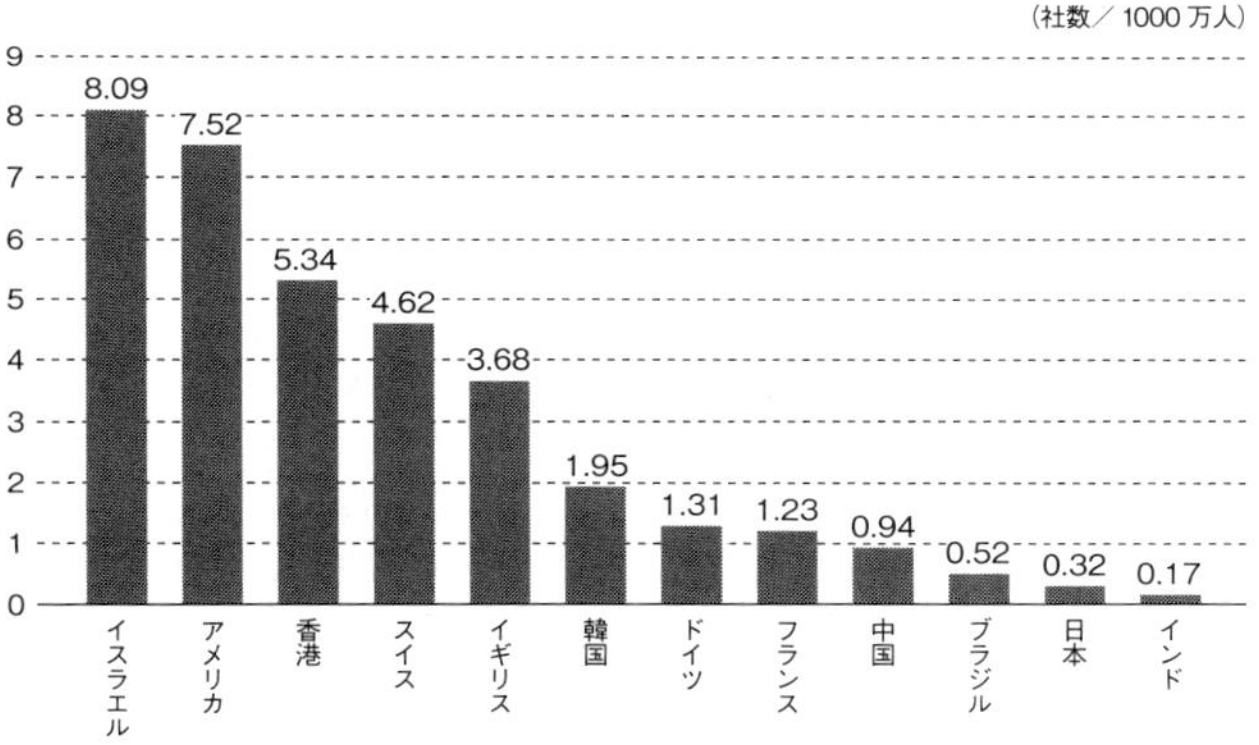

出所：文部科学省 科学技術・学術政策研究所『科学技術指標2021』のデータと国連による2021年時点の人口データをもとに筆者作成

Entrepreneurship Monitor』２０２１／２０２２年版）。考えてみれば当たり前でしょう。大企業がないのだから起業するしかありません。道端で服を売ったり、屋台を出したりといった具合です。

日本のように起業する人が少ない社会は、「起業せずに済む」安定した就職先がたくさんある豊かな社会でもあります。ですから、起業率が少ないことは別に問題でもないわけです。本当の問題は「子どもや孫の世代の雇用を大量に創出する、次世代の大企業が生まれてこない」ことでしょう。

このとき、日本はこの次世代の大企業としての人口１０００万人当たりのユニコーン企業数で世界に圧倒的に負けてしまっています（図７-３）。中国やブラジルに負け、大企業が多いアメリカ、イギリス、ドイツ、フランスにもボロ負けです。日本とアメリカの差は実に23・5倍です。

このままでは「日本には大企業が多いから」という言い訳も通用しなくなります。あと100年のあいだ日本がこのままだと子どもや孫の世代が大変な貧乏を経験してしまいます。いま10代・20代であれば、子どもの世代といわず当人が苦労するでしょう。

ここから抜け出す道はあります。

やはりそれも価値創造の民主化がカギとなるでしょう。

出発点として、イスラエルに着目してみてください。イスラエルはアメリカを超えて世界最大の人口当たりユニコーン企業数を誇る起業大国です。もちろん大企業も多数存在する先進国です。昨今のイスラエルはガザ侵攻など国際政治において非難される存在になっていますが、ビジネスでは超一流なのは間違いありません。むしろ、彼らはビジネスが上手《うま》すぎて傲慢《ごうまん》になっているとまで言えるでしょう。

起業環境整備より大切なこと

そんなイスラエルはいったいどんな起業環境なのでしょうか。実はそんなに起業しやすい

図 7-4　起業を促す社会制度・風土の整備状況（EFCs）質問項目

Entrepreneurial Framework Conditions 質問項目
A 1. 起業金融：起業を支援する投融資ファンドは十分にあるか？
A 2. 起業資金の得やすさ：起業金融へのアクセスは容易か？
B 1. 政府の政策（支援と関与）：政府が起業を促進・支援しているか？
B 2. 政府の政策（税金と役所）：税とお役所仕事が新規事業の負担になっていないか？
C . 政府の起業プログラム：質の高い起業支援プログラムが用意されているか？
D 1. 学校での起業家教育：学校で起業家・起業家精神について説明しているか？
D 2. 卒業後の起業家教育：大学には卒業後に起業するためのコースがあるか？
E . 研究開発の技術移転：研究を新規ビジネスにつなげることができやすいか？
F . 商業的・専門的インフラ：起業に必要な経営相談等が手頃な価格で十分な量手に入るか？
G 1. 新規参入の容易さ（市場）：製品市場は自由で開放的で成長性があるか？
G 2. 新規参入の容易さ（規制）：政府の規制は参入を促進しているか、それとも制限しているか？
H . 物理的なインフラ：起業に必要な物理的な要因が手頃な価格で十分な量手に入るか？
I . 社会的・文化的規範：起業家・起業家精神を奨励・称賛する文化があるか？

出所：『Global Entrepreneurship Monitor』（2023／2024年版）を翻訳し筆者作成

環境でもないことが分かっています。

世界中の起業環境を調査している『Global Entrepreneurship Monitor』2023／2024年版によれば、イスラエルは日本と同じく主要先進国の中で「起業しやすい環境」のスコアで最下位付近に位置します。この調査によれば、アメリカ4・8、スイス5・5、イギリス4・6、韓国5・8、ドイツ4・8、フランス5・0に対して、イスラエルは4・1です。過去には日本とイスラエルは最下位タイでしたが、今では日本のスコアは4・4に大幅改善しています。

日本とイスラエルはどちらも起業しにくい国。でも、結果はイスラエルが世界一、日本はボロ負け。これはどういうことでしようか。先ほどの『Global Entrepreneurship Monitor』にはこの謎を解くヒントが隠れています（図7－4）。

この調査は、起業資金を得やすいか、政府の支援はあるか、学校で起業家教育をしているか……といった項目についてアンケートをおこなっているものです。ですから、これらのアンケート項目のうちどこかが低かったり高かったりすることで全体が影響を受けてしまいます。

日本とイスラエルのそれぞれについて、細かいデータを確かめてみましょう（図7－5）。まず、日本は意外と悪くないということが分かります。金融も政府も他の国と同じくらいには頑張っています。しかし、平均値から大幅にへこんでいるものもあります。社会的・文化的規範です。

この図からは、日本とイスラエルの顕著な違いも分かります。イスラエルは起業する環境は「一つをのぞいて」最悪に近いです。多くの項目が平均値を大幅に下回ります。しかし、日本とは好対照に社会的・文化的規範は飛び抜けています。

調査年度に関係なく、この社会的・文化的規範はイスラエルが常に世界一レベルです。直近では日本が3・2に対してイスラエルは7・7です。参考として、経済大国アメリカは6・7、中国は6・2にとどまります。

図 7-5　起業促進の社会制度・風土における日本／イスラエル比較

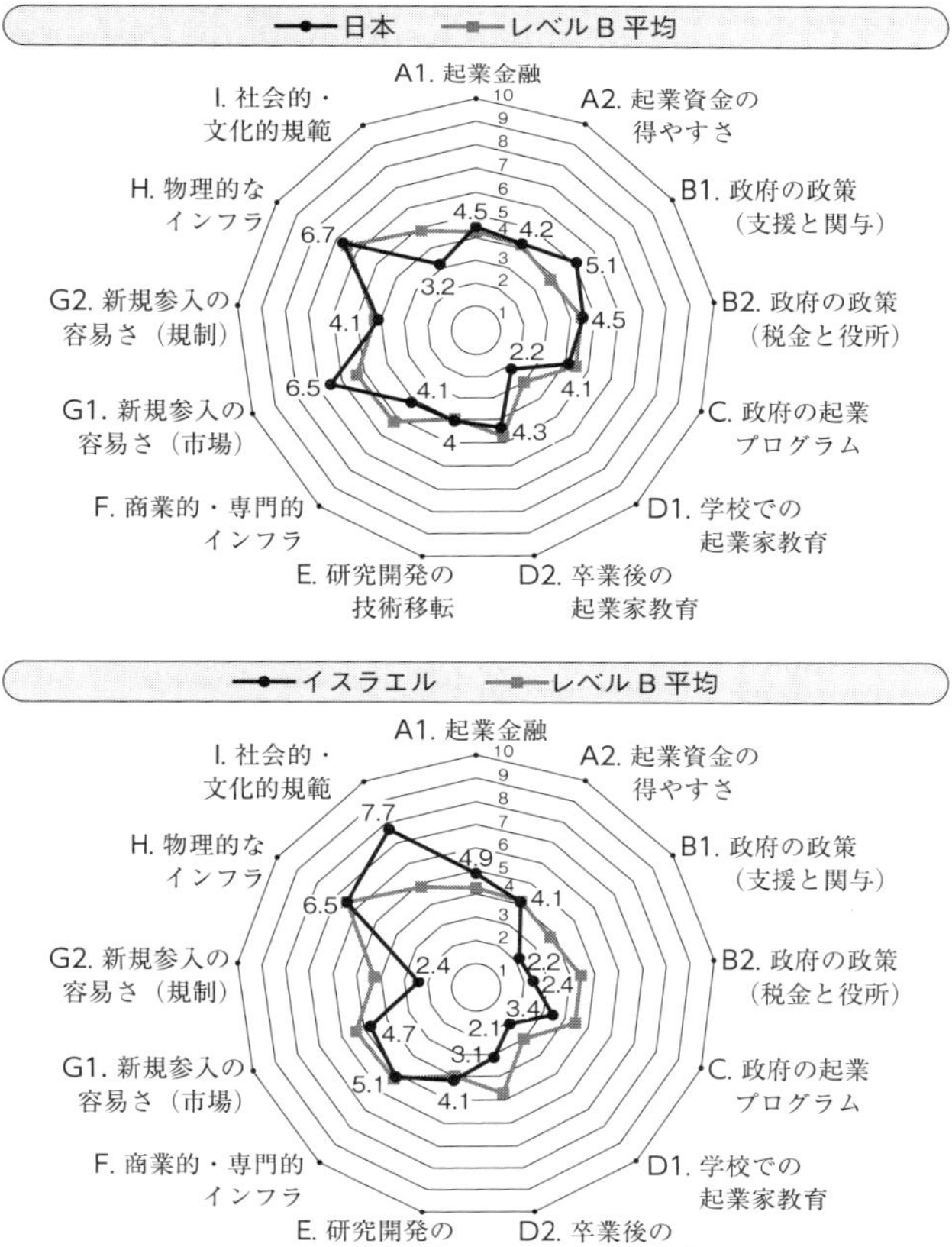

レベルB平均：一人当たりGDPが25,000～50,000ドルの19か国
「0」＝非常に不十分な状態、「10」＝十分な状態

出所：『Global Entrepreneurship Monitor (GEM) 2023/2024 Global Report: 25 Years and Growing』

人生経営という社会・文化規範が価値を生む

筆者は、イスラエルがなぜ起業や経営になじみ深い社会的・文化的規範を持つのかについて調査したことがあります。

その結果として浮かび上がってきたのは、①ユダヤ教の『タルムード』という経典が実質的には人生経営学の教科書となっていること。②会社だけでなく人生も趣味も仕事も病院も学校も経営だという考えを親が子どもに教えていること。③イスラエル政府一丸となって問題解決教育を幼児期からおこなっていることなどが分かりました。つまりイスラエルでは、教会、家庭、学校といったあらゆる場面で経営教育がおこなわれているのです。

イスラエルに住む人々に限らず世界各国に散らばっているユダヤ教徒は、幼少期から一種の価値創造の英才教育を受けているわけです。イスラエルには十分な土地もなく、中東とはいえ石油も豊富ではないという特徴があります。世界各国に散らばるユダヤ教徒（ユダヤ人）は、長らく国を持たない流浪の民でした。だから、人間の脳みそと身体という資源に頼るしかないために、宗教的・文化的にこうした教育をおこなってきたのではないでしょうか。

この状況は何かに似ています。そう、戦後日本です。

戦後日本はすべてを失いました。土地も在外資産も機械も建物もです。そこで頼れるのは人間の脳みそと身体だけ。ですから価値創造の民主化を目指し、経営教育を薄く広く国民に広めていきました。その結果として世界第2位の経済大国に短期間でのし上がったのです。

やはり経営意識と経営知識を社会で薄く広く普及させることのメリットは大きいということが傍証されると思います。

一方で、日本にはユダヤ教的な選民思想はなじみません。日本には集団を大切にする和の心があります。だとすれば、日本では「自分だけが儲《もう》ければいい」という思想ではない形の経営教育が可能だといえないでしょうか。すなわち、日本は東洋的な和の心を持った価値創造の民主化によって、「みんなで豊かになる」という理想を実現できる国になれると思うのです。

このように、価値創造の民主化は「価値を奪い合う社会」から「価値を創り合う社会」への脱皮を可能にします。これらは解決不可能に見えた問題を解く糸口にもなりえました。それどころか、価値創造の民主化は将来の国民所得を担うユニコーン企業の創出にもプラスの影響を与える可能性が示唆されました。といっても、ユニコーン企業創出に関してのデータはしっかりとした統計解析をおこなえるほど揃っているわけではありません。

ですから、価値創造の民主化によってなぜユニコーン企業が増えると予想されるのかについての論拠を次に明らかにする必要があるでしょう。

前章において、「どんな仕事も他者の協力があってはじめて実現できる」「経営教育によって成果がわずかでも上がりやすくなる」という当たり前の二つの仮定から、「組織の経営成果は、経営教育がいきわたっている人数乗で向上する」という驚くべき結論が導かれたのを覚えていらっしゃるでしょうか。これが社会全体で起こると考えてみてください。

どんな社会にも、100万人に一人の大天才は、100万人いれば必ず一人います。当然のことを言っています。日本には100万人に一人の天才が120名くらいはいて当然です。しかも分野によって天才は変わりますから、芸術の天才120人、研究の天才120人、料理の天才120人、スポーツの天才120人……というように色んな天才がいるでしょう。

薄く広い範囲での経営教育が天才を生む

こうした天才たちも周囲の後押しと協力がなければ世に出ることはありません。どんなに素晴らしいアイデアを持っていても、それを他者に表現して仲間を作って実現にいたらなければ、アイデアを持たないのと同じです。価値創造の経営教育が社会の中で薄く広くおこなわれていけば、100万人に一人の天才にもこの教育が届くでしょう。すると、本来ならば孤独で孤立して仲間を作れずに天才的なアイデアを捨てるしかなかった天才も、仲間と一緒に共同体を創り上げる道を歩めるようになると予想されます。

天才の周囲にいる人たちもまた、価値創造の経営教育によって短期的な嫉妬や利益に振り回されなくなります。そうした人たちも、天才を後押しして、そこからの分け前で豊かになる道を見つけられるでしょう。

『キャプテン翼』や『スラムダンク』を思い出してみてください。これらのマンガやアニメが大ヒットして、サッカーやバスケットボールの競技人口は大幅に増加しました。そして薄く広くサッカーやバスケットボールをやってみる人が増えてくると、その中にたまたまサッカーやバスケットボールの天性の素質を持つ人が含まれる確率が高まります。

こうして天才が正しく才能を発揮できる場所を見つけやすくなるわけです。さらに、天才は一人では活躍できません。コーチ、チームメイト、ライバルといった他者を得て初めて成長できるのです。やがて世界で大活躍する人さえも生まれてきます。

最初からエリート教育をして、人間を選抜してしまっても、世界で活躍する人は生まれてきません。薄く広く教育がいきわたっていることが、結果的に世界トップレベルのプロフェッショナルを生む条件なのです。

価値創造の経営教育だって同じでしょう。

いまこの瞬間に日本が抱える深刻な問題を解ける天才は必ず日本にいます。1億人に一人の天才は一人、1000万人に一人の天才は12人、100万人に一人の天才は120人、日本にすでに存在しているのです。しかし、そうした人たちが活躍するためには価値創造の民主化が日本全体にいきわたる必要があります。

本書はここまで上空の視点と目線の高さの視点を往復しながら、私たちが「この苦しさ」から逃れる方法が同時に社会全体を豊かにする道でもあると説明してきました。具体的な思考道具としての価値創造三種の神器の使い方も解説済みです。本書の裏側にある経営論と社会論、そして哲学についてもお話ししてきました。

そこで最後の疑問です。

本書が知行合一の書であるために、私たちは行動をどう変えればいいのでしょう。今日から私たちは何をすればいいのでしょうか。

第八章　私たちが今日からできることは何か？

ここまで本書をお読みいただいた方には、筆者が何をしたいのか、どのような世界を目指しているのか、伝わったと思います。

筆者は「奪い合う世界」から「創り合う世界」への大転換（パラダイム・シフト）を目指しているわけです。より正確には、「創り合う世界」が実現するまでは、価値奪い合いと価値創り合いのパラダイムを誰もが使い分けられる状態を目指しています。

奪い合いを仕掛けてくる相手には奪い合いで返す、創り合いができる相手とは新たな価値を一緒に創造する。そのために、私たちの思考を縛るパラダイムに振り回されないように、個々人が哲学を持つ必要があります。

創り合う世界は綺麗《きれい》ごとでもなんでもありません。「いまだけ、カネだけ、自分だけ」の考え方を少しだけ休んで、もう少し長い目で人類史を眺めればただの史実だと分かります。地球は有史以来数千年以上の間、ほとんど姿を変えていません。しかし、その数千年で人類はどれだけ進歩したでしょうか。数千年前の王族・族長でさえも、神様が住む世界として想像し、あこがれたような世界を現代人は実現しています。この事実に基づいて、一人ひとりが価値の創り合いの可能性に気づくことが大転換への第一歩でしょう。

しかし、それだけでは十分ではありません。

個々人が価値奪い合いのパラダイム（価値奪取思考、価値有限思考）と価値創り合いのパラダイム（価値創造思考、価値無限思考）を使い分けるだけでも、「その個々人には」大きなメリットがあります。当たり前ですが、仕事でも会社経営でも人生でも、価値奪取と価値創造の2種類の思考を使えますから、他者と比べて打ち手が2倍になります。ただし、それだけでは社会全体を変えてしまうほどの大転換は不可能でしょう。

本書は単なる「読み物」ではなく、実践の書を目指しました。

本書が読み物として売れても（あるいは売れなくても）何の意味もありません。筆者は、本書を手に取っていただいた方は社会のリーダーだと思っています。いまの時代に本を買って読むということは、精神的余裕とエリートとしての自覚がある方でしょう。

リーダーに学歴も経歴も一切関係ありません。希望の持てる明日を探して日々知的格闘する人こそが社会のリーダーなのです。そして、社会のリーダーが価値奪取思考（価値有限思考）と価値創造思考（価値無限思考）を使い分けられた後は、リーダーの責務として教育活動をおこなってほしいと切に願います。

前章でみてきたように、組織や社会が大きく変化するには、薄く広い価値創造の経営教育が必要です。だからこそ、人生の経営者として価値奪取思考と価値創造思考を使い分けられるようになった読者の方は、次に教育者としての二足目の草鞋《わらじ》を履いていただきたいのです。

本書の内容を知行合一で実践していただいた後は、周囲にその実践の輪を広げていただきたい。「知っているということは、実際にできるということだ」と繰り返し述べてきました。だとしたら次は「できるということは、他者に教えられるということだ」ということです。

価値奪取思考と価値創造思考を使い分ける経営教育を実践するにあたって、あるいは価値創造思考への大転換にあたって、「T型思考」「T型教育」という視点が有用だと思われます。

他者の発見と超長期の歴史観

T型思考は個人の「ものの見方」についての視点、T型教育は社会全体の「経営教育のあり方」についての視点です。この二つは異なるレベルの視点ですが相似形になっています。はじめにT型思考についてみていきます（図8-1）。

本書をここまでお読みいただいた方は、すでに「いまだけ、カネだけ、自分だけ」の価値奪取思考からは抜け出しておられるでしょう。あるいは少なくともこうした考え方に疑問を持っておられると思います。一方で、世の中の大多数は価値奪取思考で動いているのも事実です。そこで、価値奪取思考から抜け出す方法を明確化しておく必要があります。

価値奪取思考は自分だけが良ければいいという考え方です。今この瞬間にも、自分と同じ

図8-1　T型思考の概念図

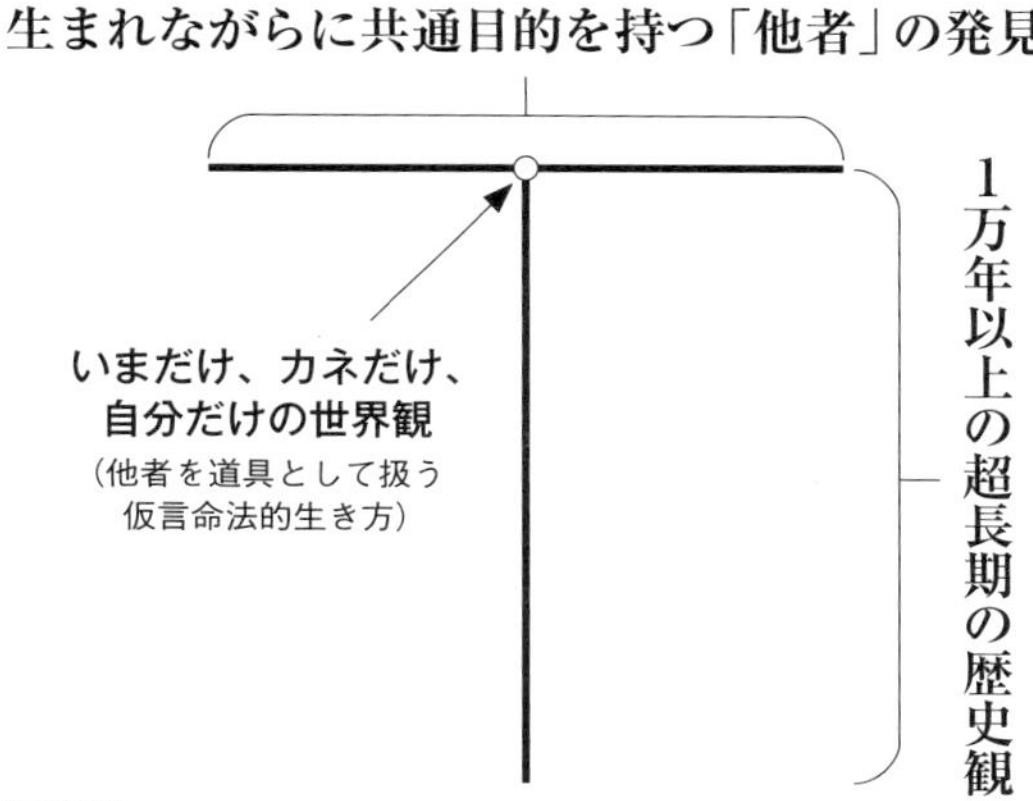

出所：筆者作成

くもがきながら人生を過ごしている他者がいるということを忘れています。しかし本当は、他者は「幸せになりたい」という自分と同じ共通目的を持った仲間です。

T字のタテ線とヨコ線の結節点に小さな丸があるのが見えるでしょうか。この小さな小さな丸が価値奪取思考によって見えている世界観です。でも、本当はこの小さな丸＝点の横には無数の点があります。これが同時代を生きる他者だというわけです。

次に、今を生きる自分にいたるには、人類の長い歴史＝人類史があります。この長い歴史の中で、お金（貨幣）の価値が大きく上下するようになったのは、①お金で何でも買えるようになる「資本主義」、②お金がどこでも使えるようになる「グローバル化」、③お金に貴金属等の物的な裏付けがなくなりお金が数字と化す「不換紙幣制度」の三つが揃ってからです。そうした時代は人類史数百万年の歴史の中で直近のわずか30～40年だけのことです。

前述したように、この30～40年のうち、半分近くの約20年分もお金の価値が上がるデフレを経験したのは、日本だけでした。

日本以外の国は、この30～40年間でデフレをまったく経験しないか、せいぜい1～2年分のデフレしか経験しませんでした。平成日本のような「お金の価値が上がり続ける社会」では、価値は有限に思えます。お金で測定される市場も産業も縮小していき、価値を生み出すのが大変になるからです。お金の価値が上がるのなら、お金は使わずに取っておくほうがいいでしょう。すると価値あるものを創っても売れません。

しかし、長い歴史をみてみると、人類史は価値創造の歴史だと分かります。洞窟《どうくつ》に住んで狩猟採集生活をしていた人類が、他者と一緒にみんなで豊かになってきたのです。もちろん同時代における格差はあります。これは大きな社会問題です。とはいえ、現代では、冷蔵庫、クーラー、自動車、電車、飛行機、医療など（所有はしていなくても）数多くのサービスを誰でも受けられます。数千年前の王様が夢想することすらできないほど豊かな暮らしを、現代人は享受しているのです。

図8-2　T型思考によって広がる視野

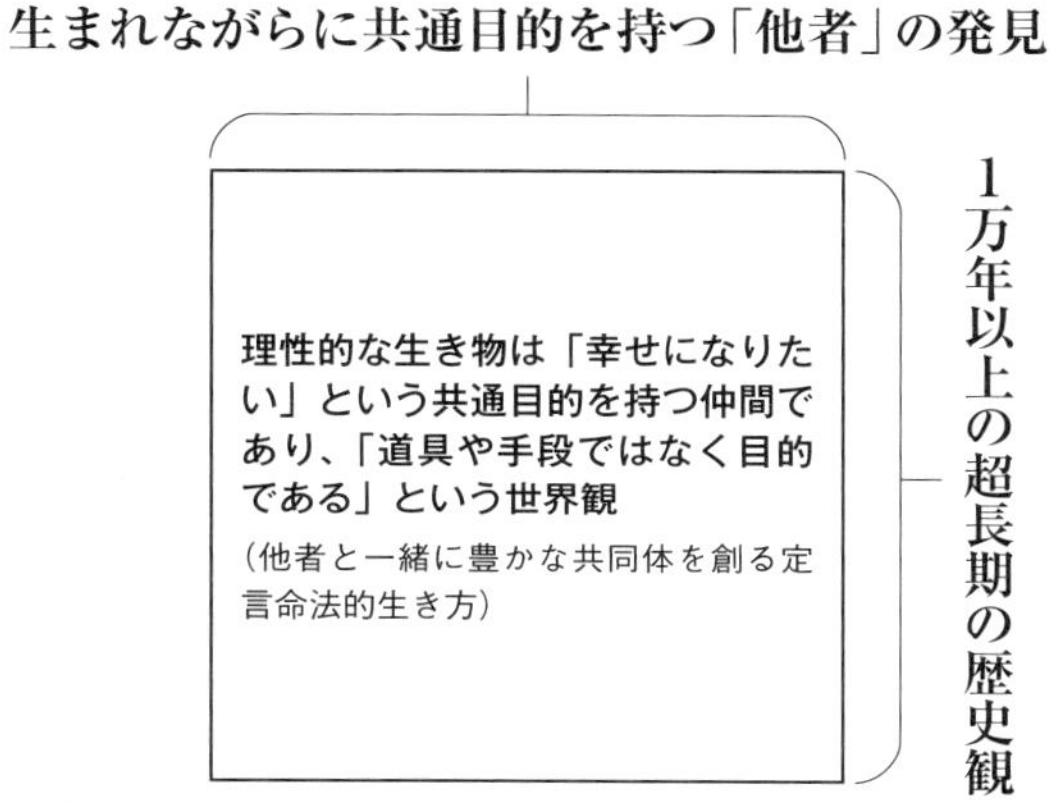
生まれながらに共通目的を持つ「他者」の発見
理性的な生き物は「幸せになりたい」という共通目的を持つ仲間であり、「道具や手段ではなく目的である」という世界観
（他者と一緒に豊かな共同体を創る定言命法的生き方）
1万年以上の超長期の歴史観

出所：筆者作成

このように、現代の自分につらなる人類の歴史を想像してみるのがＴ字のタテ線です。人類は、たとえ自分たちの時代では報われなくても、１００年先、１０００年先、１万年先の子孫の幸せのために価値創造を繰り返してきたわけです。

この中には社会制度も含まれます。ほんの２００年前には、政治的な発言には死の覚悟が必要でした。暗殺も日常だったでしょう。しかし、今は誰もがＳＮＳで情報発信できる時代になったわけです。

このＴ型思考を持てば、私たちがＴ字の結節点の小さな視野しかもたないことのもったいなさに気づけるでしょう。

他者の発見と人類史の二つの軸で思考の幅をひろげていくと、他者と一緒に価値を創り合う生き方が見えてきます（図8‐2）。

その根本にあるのは、理性的な生き物はすべて「幸せになりたい」という共通目的を持つ仲間だという世界観です。なお、ここでいう理性的な生き物には人間以外も含まれます。他者は道具や手段ではなく目的だという考え方です。これらは第二章で提示した定言命法的な、カントのいう絶対善になりうる生き方でもあります。

リーダーに必要なT型思考とT型教育

こうした生き方が可能だと思わない人は、それはそれで自由です。

しかし、世界がこうした生き方であふれるほうがいいと思われる方は、ぜひこのT型思考を周囲にも教えてあげてほしいと思います。カントの定言命法は、「自分が採用する行動原理が、誰もが採用する普遍原理になっても、心から喜べるような行動原理に従う」というものだったことを思い出してください。

筆者はそこに一つ付け加えたいと思います。「そうした行動原理を見つけたら、それを誰もが採用する普遍原理にすべく行動する」というのがリーダーの責務だと思うのです。

このように、まずは「価値奪取思考からの脱皮の手助け」がリーダーの仕事となります。

次は価値創造思考を知行合一できる人を増やしていく必要があります。思想的な話だけでは、世の中は変わっていきません。思想に実践がともなう必要があります。ですから、思想的な話のあとは実践教育・実践普及が必要でしょう。

本書は読者の方々本人による知行合一の実践と、読者の方々による価値創造思考の普及との両方に活用できる思考道具「価値創造三種の神器」を紹介しました。この思考道具の権利はすべて放棄していますから、社内での勉強会、友人とのSNS、家庭内教育など様々な場所で自由にお使いいただけます。

そのため、まずはこの価値創造三種の神器を、自分と他者の両方の問題解決と同時に経営教育にも活用していただくのがよいと思われます。本章の末尾に価値創造三種の神器をまとめて再掲していますので、ぜひこちらも活用してみてください。

しかし、これだけでは二つの点で不十分でしょう。一つは、価値創造三種の神器にとどまらない、幅広い経営知識をいかにして普及させていくかという点。もう一つは、そもそも価値創造思考の必要性が分からない相手への導入が難しいという点です。

この2点の解決は本書の範囲を超えます。しかし、本書は筆者のこれまでの活動の総集編ですから、筆者はこの2点を解決するための道具をすでに用意しています。むしろ、筆者の今までの研究教育活動はすべて「価値創造の民主化」のための下準備だったとさえいえます。

図 8-3　T型教育の概念図

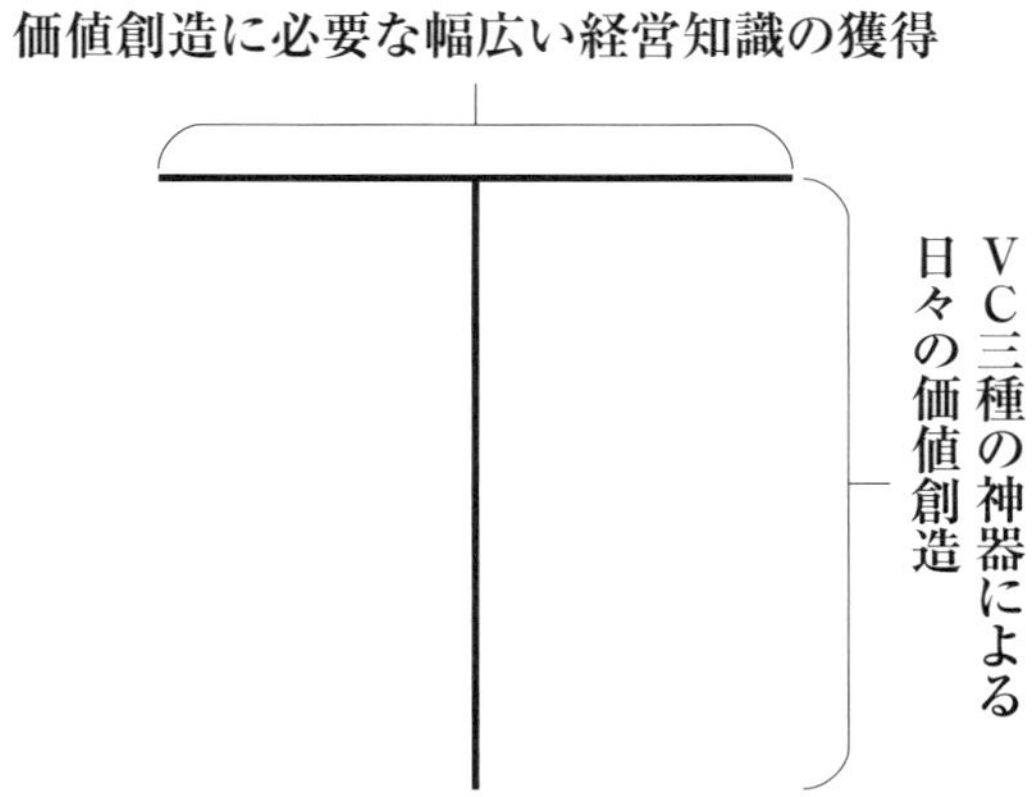

出所：筆者作成

これについて次に説明していきます。

ここでキーワードとなるのがT型教育です（図8-3）。T型「経営」教育というほうがより正確かもしれません。

価値創造三種の神器は、未来・現在・過去の問題について、価値創造の発想で問題設定・問題解決するための思考道具でした。つまり、時間軸に沿った価値創造です。これは先ほどのT型思考における歴史観にも通じます。もちろん、ここでいう時間軸は人類史のような壮大な時間ではありません。せいぜい個人や組織の寿命の範囲でしょう。こうして、自分の人生経験に基づいた価値創造実践が蓄積していきます。

しかし、価値創造をおこなう上で、自分の経験に基づく知識だけではやがて限界が

図 8-4　T型教育によって広がる視野と価値創造

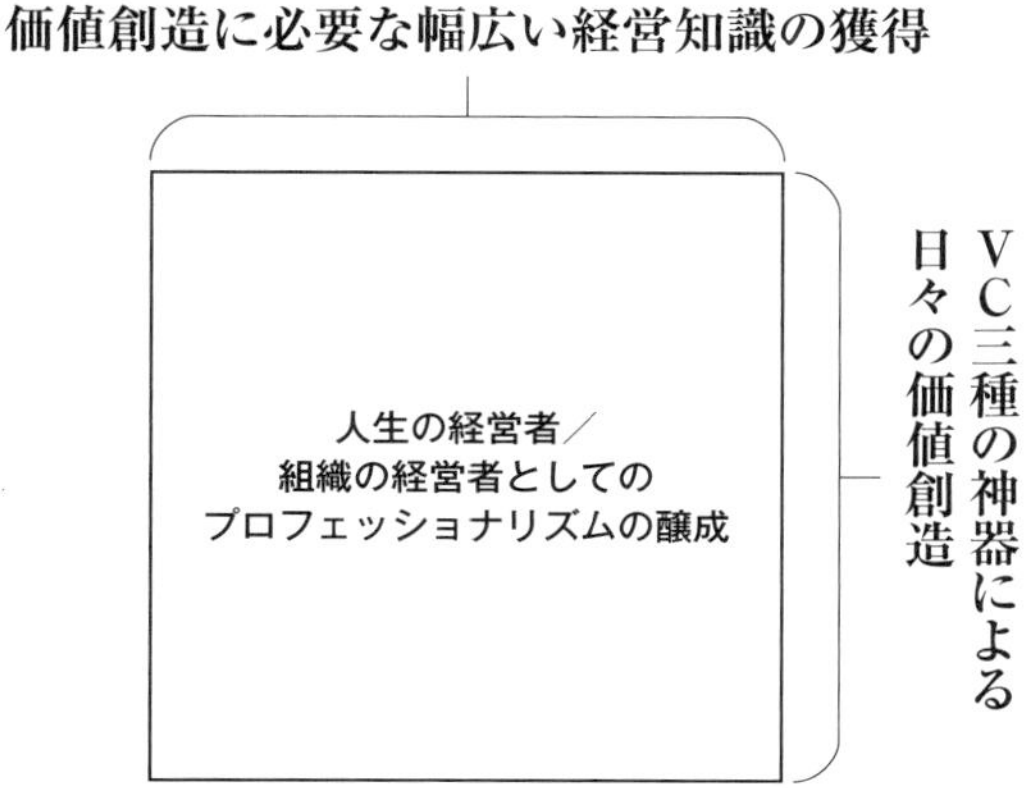

出所：筆者作成

きます。ですから、他者の経験に基づいた知識を必要に応じて取り入れていく必要があるでしょう。教科書で勉強することも、人物伝に出てくるエピソードも、すべて他者の経験です。経営学のほとんどすべては他者の経験を抽象化したものです。

　こうして、自分の人生の歴史に根差した価値創造経験を積みながら、他者の経験に根差した知識も取り入れていくことで、より大きな視野での価値創造が可能になります（図8-4）。

　こうして、人生の経営者／組織の経営者としてのプロフェッショナリズムが醸成されていくわけです。誰もが人生経営のプロになる。その中から、組織経営のプロが生まれてくる、というわけです。

子どもから大人まで価値創造の輪を広げる

こうした問題意識から、筆者はこれまで研究教育活動をおこなってきました。研究をしているかと思ったら一般書を書いたり、上場企業の社長になってみたりと、はたから見ると脈絡のない行動のすべては、価値創造の民主化と「日本がもう一度豊かになる」という目的のためのものでした。

たとえば、「経営教育におけるT字のヨコ線を伸ばしていく」という目的のために書かれたのが『13歳からの経営の教科書』（KADOKAWA）でした。『13歳からの経営の教科書』は、子どもから大人まで読めるビジネス児童小説です。この小説の中で、主人公ヒロトは図書館で不思議な教科書を見つけます。『みんなの経営の教科書』というタイトルの、手作りの本です。そこには、リーダーシップやマーケティングなど様々な言葉の解説が載っています。

この教科書を手にしたことをきっかけに、ヒロトは友人たちと株式会社を作ってみます。やがて世間を驚かすビジネスで社会問題さえ解決してしまうというストーリーです。あくまで小説として書いていますので、ストーリー中に図表は出てきませんが、ストーリーの中に

図 8-5　『13 歳からの経営の教科書』における問題解決の三角形

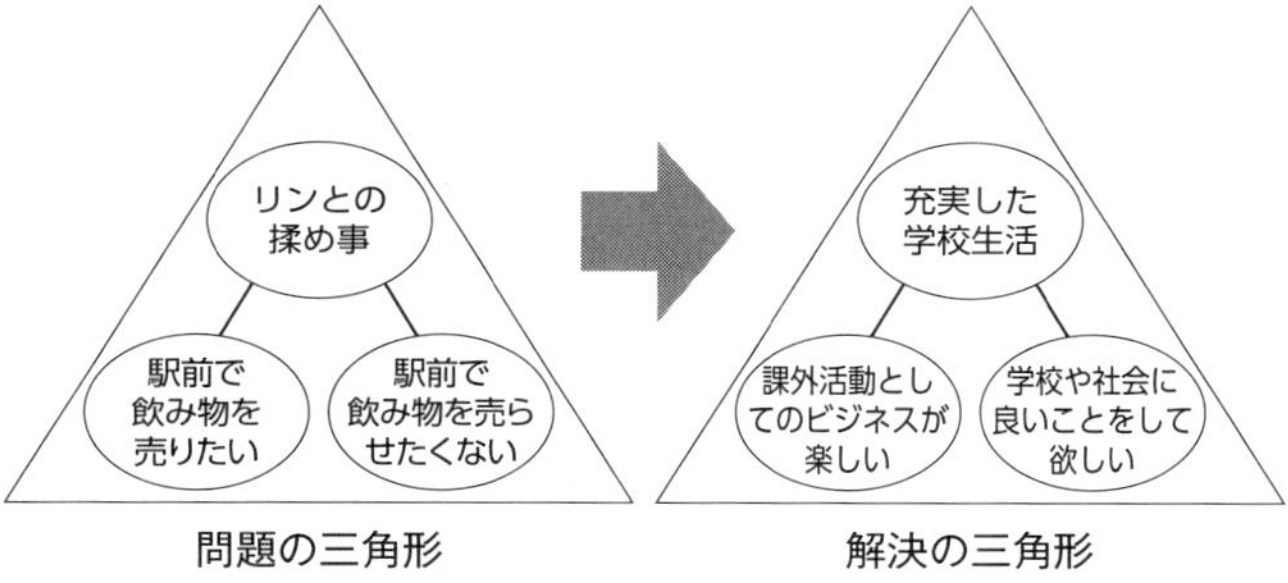

出所：筆者作成

は実は価値創造三種の神器が使われています。

たとえば、物語の中で、主人公ヒロトは真面目な学級委員長リンと対立してしまいます。ヒロトは当初「駅前で冷やしたペットボトル飲料を売る」という単純なビジネスをはじめました。これが学級委員長によって問題とされたのです。駅前で飲み物を売りたいヒロトと駅前で飲み物を売らせたくないリンの対立です（図8‐5）。

しかし、ヒロトとリンは対立を乗り越えて仲間になります。どうやって仲間になったのかは読んでみてのお楽しみとしましょう。いずれにしても、子どもから大人まで、対立の解消と仲間づくり、そして価値創造を疑似体験できる場としてこの物語が書かれたのが伝わったかと思います。

『13歳からの経営の教科書』の主人公ヒロトたちは、問題が起きるたびに物語の冒頭でひろった『みんなの経営の教科書』を参考にします。そして、物語が最後まで進むと、この『みんなの経営の教科書』の全文版が付録としてついていて、次は読者が価値創造の主役だというメッセージで終わります。

ここで、先ほどのT型教育の図に『13歳からの経営の教科書』をマッピングしてみます（図8－6）。

すると、この教科書はT字のヨコ線とタテ線を少しずつ伸ばしていくための入門書としての位置に綺麗にはまることが分かると思います。この教科書はまだ価値奪取思考・価値有限思考に大人ほどは染まっていないと思われる方を主な対象者としたものでした。ですから、価値奪取思考や価値有限思考のデメリットなどに踏み込まず、そのまま価値創造の理論と実践に入っていったわけです。なお、筆者の研究会のサイトでは、幼少時からの経営教育に使えるマニュアル、スライド、プリントも無償配布しています（https://pando.life/keioiwao/article/93057）。

しかし、これだけではダメだと筆者は痛感しました。

図 8-6　T 型教育の図への書籍マッピング

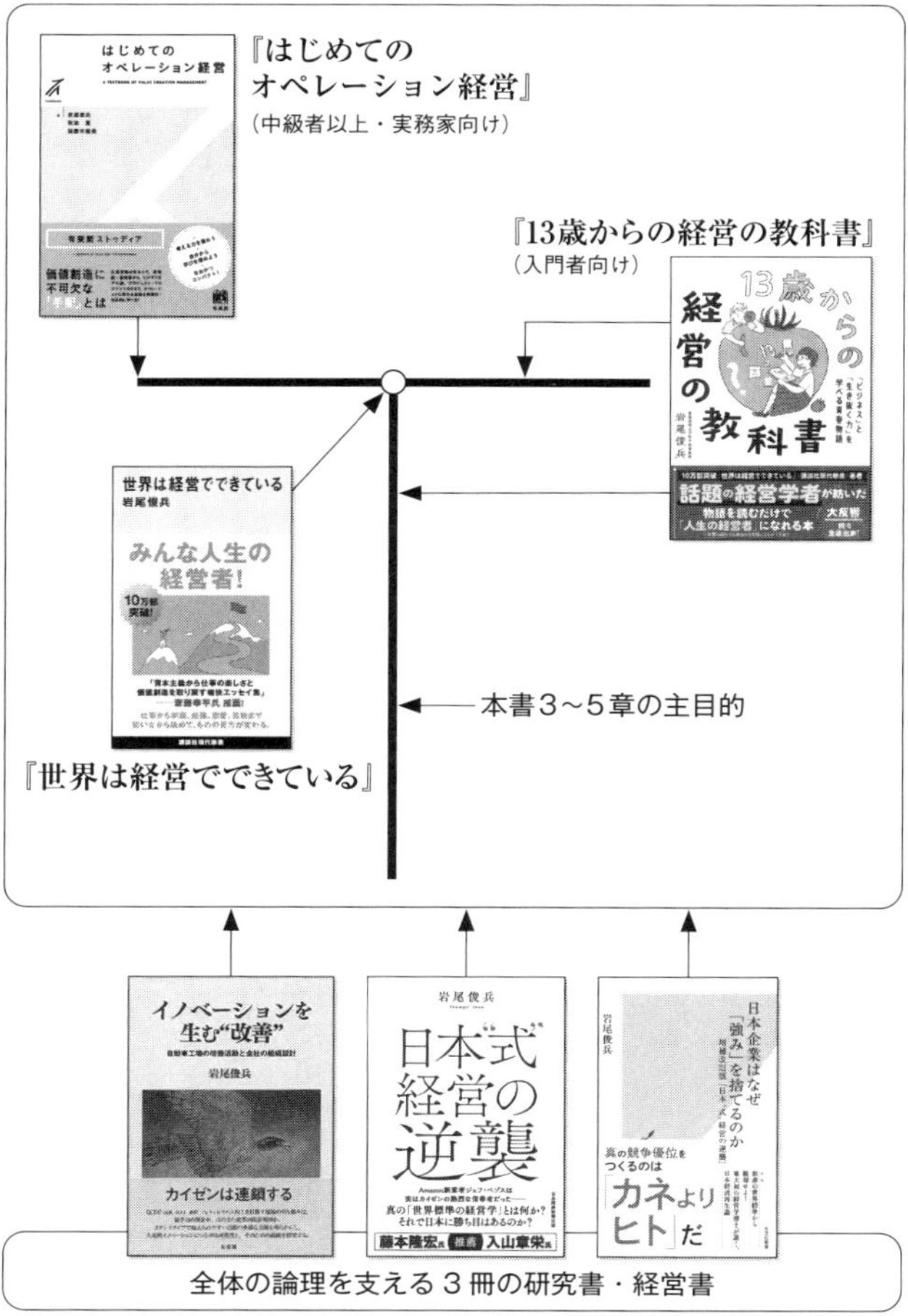

出所：筆者作成

この『13歳からの経営の教科書』が出版されてからというもの、筆者は色んな企業人や教育家と議論するようになりました。その中で、そもそも大人の中に価値奪取思考・価値有限思考がこびりついていることが分かってきたのです。子どもは大人の影響を受けますから、子どもに直接アプローチしても効果が薄いことも理解できてきました。

そこで生まれたのが『世界は経営でできている』でした。『世界は経営でできている』は、人生経営や価値創造というアイデアを、少なくとも日本の経営学界では初めて中心に据えた本でした。この本は、価値無限思考や価値創造思考への第一歩として、「いまだけ、カネだけ、自分だけ」の価値有限思考・価値奪取思考が、論理的にもいかに間違っているかについて書いたものでした。その意味で、この本は「経営失敗の悲喜劇の博物誌」だったわけです。

そして、価値の奪い合いを当然視して冷笑する時代の雰囲気に待ったをかけるために、あえて「令和冷笑体」という「昭和軽薄体」の対比となる文体を生み出しました。これによって「冷笑よりも熱血がいいよね」という風潮にしたかったわけです。

しかし、『世界は経営でできている』はたくさんの熱心な読者を得られたと同時に、この本を通して読まずに「悲喜劇を演じているとバカにされた」と怒る人も発生してしまいました。筆者の友人の一人はこう言いました。

「岩尾の新刊で、受験で勝つことがすべてだと思っていた自分をバカにされた気がした。たしかに人生の目的を失っているかもしれないけど、それでも努力は認めてくれてもいいじゃないか」

彼は非常に理知的な人ですから、話し合った後に、すぐにこの本が彼について書いたものではないことは理解したようでした。同時に、久しぶりに彼と話して分かったことがあります。それは、彼が「たった一回の大学受験で勝てば、あとの人生はずっと楽ができる」と思っていたことです。そして、そのわりには「全然楽ができていないばかりか、誰からも尊敬されていない、みんなにバカにされていると感じる」ということです。

学歴を得るために合格者の枠という有限の価値を奪い合うのが受験です。もちろん、この競争での頑張りは素晴らしいことかもしれません。しかし、有限の価値に捉《とら》われると本人が苦しむのです。彼は、このことに気づいてから、表情が明るく前向きになりました。

自分の中の価値有限思考に気づく

他者から有限な価値を奪うために、霊感商法やコンプレックス商法その他の詐欺的な悪徳商法をおこなう人も同じです。

他者から奪ったものはいずれ誰かに奪われるかもしれないという疑心暗鬼と隣り合わせで

す。誰にも奪われないものは自分自身だけです。だからこそ、自分自身を油田のような財産に変えるべきだと本書は主張しています。

このように『世界は経営でできている』は価値有限思考・価値奪取思考の無意味さに気づくための1冊、あるいは気づいてもらうための1冊でした。この本は心に余裕があれば誰でも笑いながら読めるものになっています。もしこの本を読んでムッとしたら、その時は「自分の中にも価値奪取思考・価値有限思考があるのだな」と思っていただくとよいでしょう。そして、そうした注意書きを共有していく必要があるでしょう。

こうして価値奪取思考から抜け出せた後に、価値創造思考の実践につなげる役割を持つのが、いまお読みいただいている本書です。特に本書の第三〜第五章は価値創造の実践に重きをおいた内容でした。

その意味で、本書はT字のすべてを説明する「価値創造の民主化実現のためのマニフェスト」としての役割と、「実践書としてT字のタテ線を描く」という役割の両方を持っています（なお、T字のヨコ線を伸ばしていくための中級者以上や実務家向けの教科書が『はじめてのオペレーション経営』〈有斐閣〉です。また、価値創造の民主化という日本再生の一手を見つけ出した研究をまとめた、理論的な根拠としての本が『イノベーションを生む〝改善〟』〈有斐閣〉『日本〝式〟経営の逆襲』〈日本経済新聞出版〉『日本企業はなぜ「強み」を捨てるのか』〈光文社新書〉でした（後半2冊は、増補改訂前と後というだけで同じ本ですから、実質的には2冊です）。

筆者の研究教育活動は次のようにまとめられます。まず、「日本がもう一度豊かになるにはどうすればいいのか」という問題意識で10年間研究をおこなってきました。そこで「価値創造の民主化」という一つの答えにたどり着きます。しかし、価値創造の民主化を実践するには、子ども向けと大人向け両方で、さらに思想面と実践面の両方を補佐する書籍が必要でした。そのために必要なテキストを一つずつそろえていくという目的で、ここまで執筆活動を続けてきたわけです。

本書はこうした活動の全貌《ぜんぼう》を明らかにした決定版です。

ようやく筆者の活動を支える道具立てが揃ったと感じています。

もし、本書によって価値創造の民主化の胎動がみられたら、筆者は一般書籍の執筆からは距離を置きます。あとは、日本の経営思想について深く考察する専門書と、現在取り組んでいる企業再建についての報告書くらいでしょう。

もちろん、本書だけでは価値創造の民主化の始動にまだ不十分だと判明したら、マンガ化など次の一手は打ち続けます。とはいえ出版は手段であって目的ではありません。価値創造の民主化と、もう一度みんなで豊かになることこそが目的なのです。

このように、読者の皆様一人ひとりが価値創造思考と価値奪取思考の使い分けができるようになったら、しかもそれが知行合一できたならば、次にはぜひ教育者になっていただきたいと思います。

価値創造の経営教育は、家庭でも、職場でも、組織全体でも、規模は違えどもどこでも可能ですし、必要でもあります。価値創造の民主化は、価値創造の経営教育を誰かが担わないことには実現不可能です。過去の日本では、それは親や先輩や経営者の役割でした。

いまこそ、読者の皆様と一緒に、同じ理想を抱く仲間として、「奪い合う世界」から「創り合う世界」への大転換への一歩を踏み出せれば、これ以上の幸せはありません。

まずは、いまここの自分と目の前の相手の対立解消から始めてみませんか。

価値創造三種の神器「未来創造の円形」

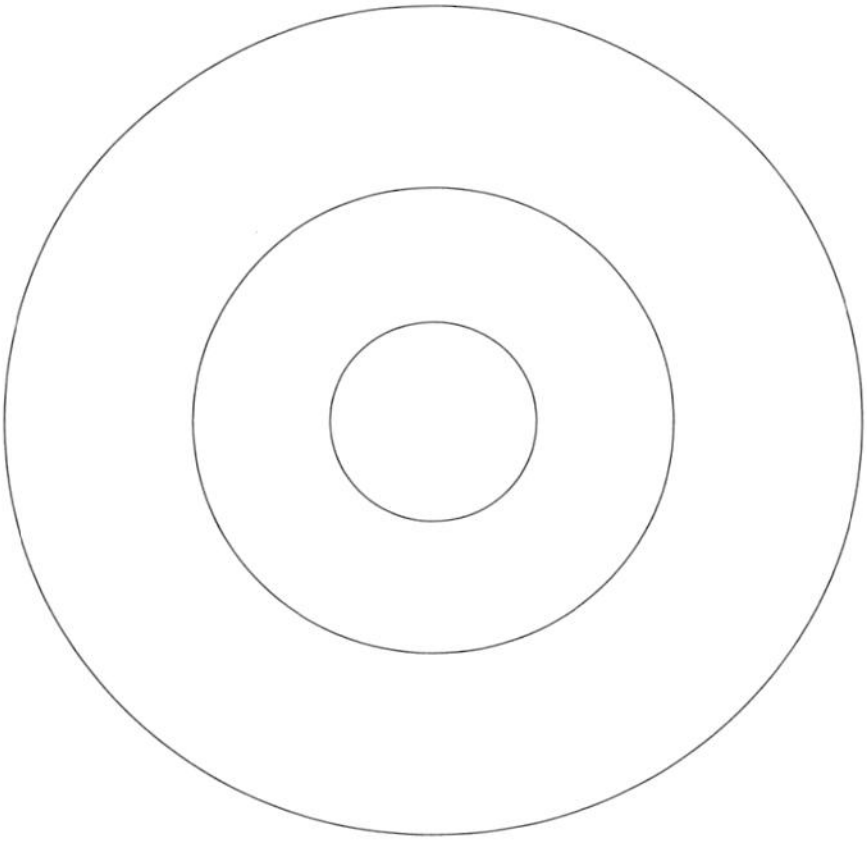

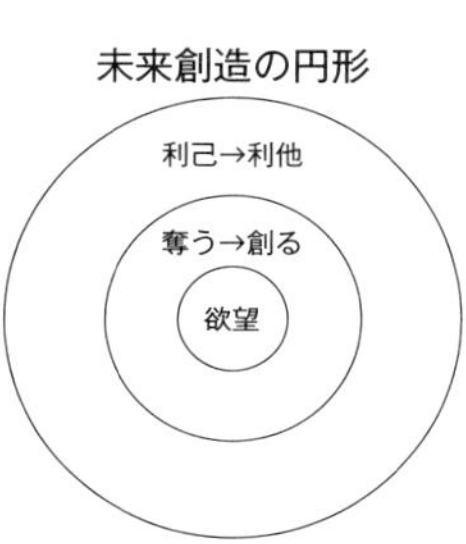

1．まずは自分の根源的な欲望に忠実に、素直に欲望を書く
2．その欲望を「奪うから創るへ」と第一変換
3．第一変換したものを「利己から利他へ」と第二変換

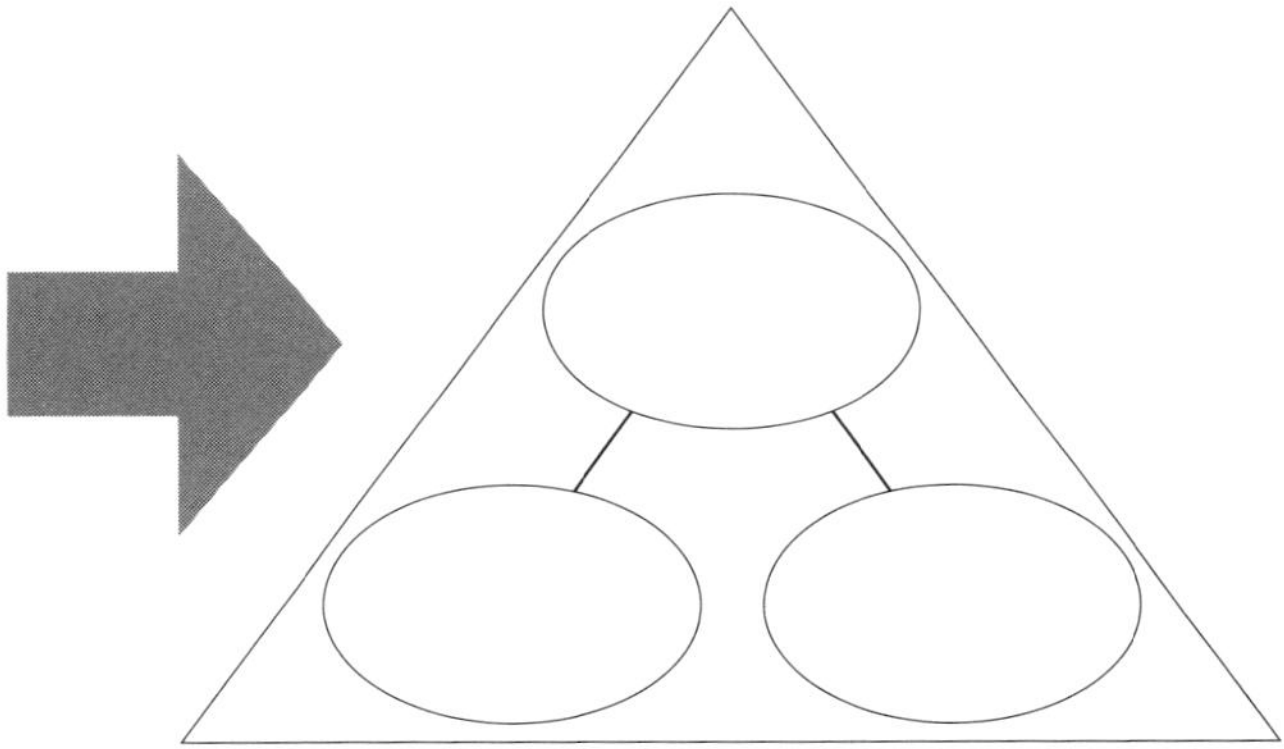

解決の三角形

問題解決の三角形

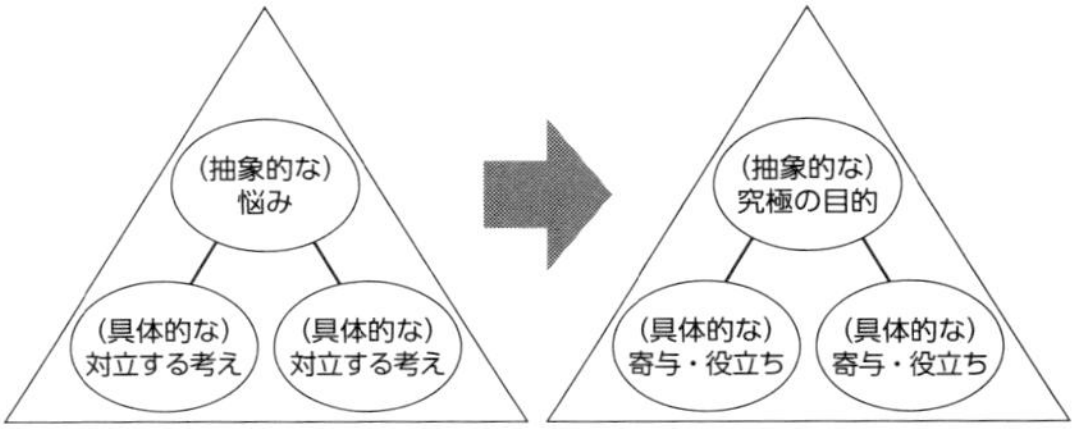

問題の三角形　　解決の三角形

価値創造三種の神器「問題解決の三角形」

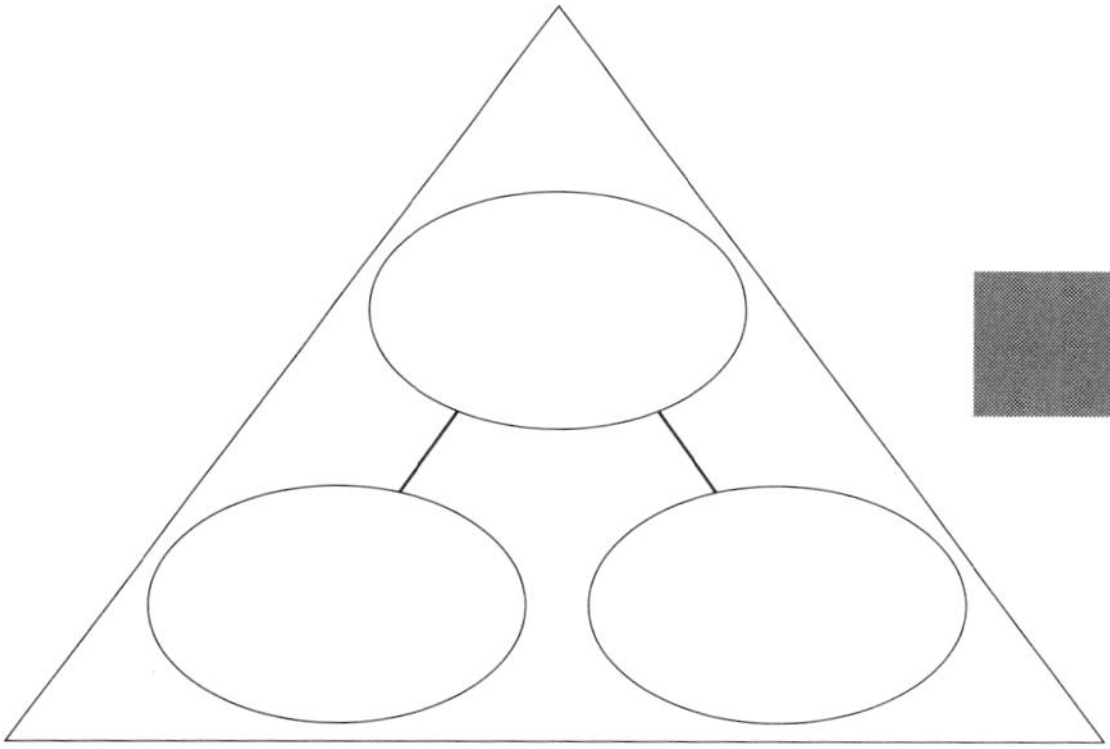

問題の三角形

価値創造三種の神器「七転八起の四角形」

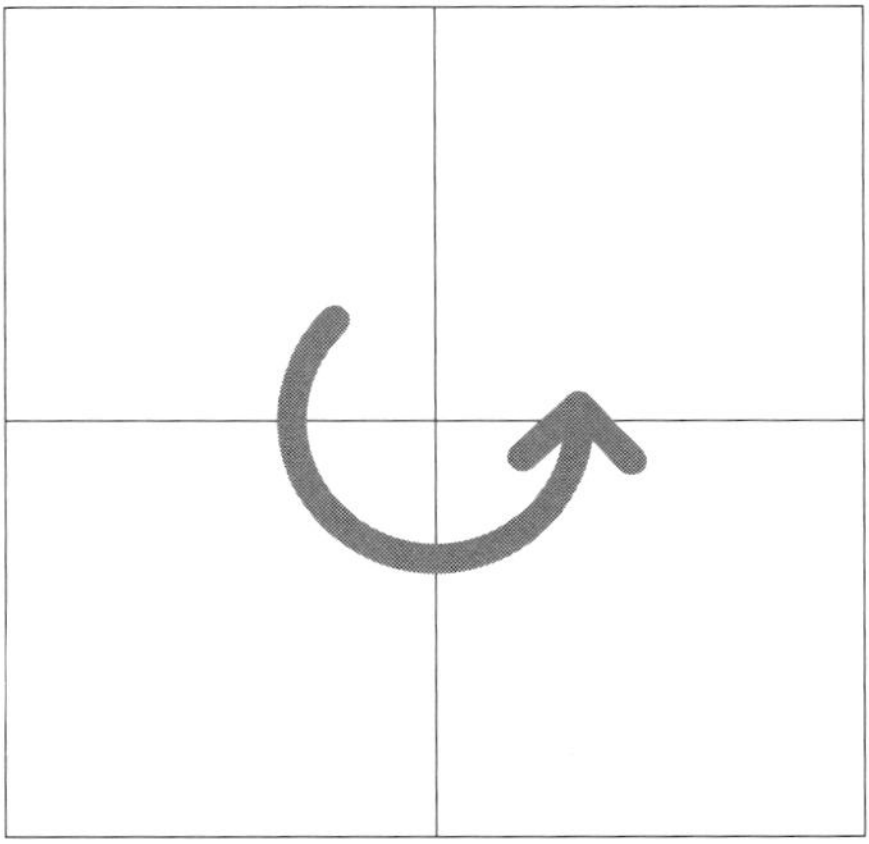

おわりに

どうすれば現代日本が抱える問題を一気に解決できるでしょう。

とある小学校で、そう筆者が問いかけてみたときのことです。「日本から石油がたくさんとれるようになる」と、元気に答えてくれた子がいました。実はそのときも、筆者は経営教育の実践のためにその小学校を訪れていました。

石油のように価値あるものが山ほど採れるようになれば、価値あるものをめぐって奪い合いをおこなっている現状から抜け出せる。そうすれば、低賃金の問題、年金の問題、少子化・高齢化の問題、不景気の問題などが一挙に片付く。冗談のようで、示唆に富む答えだったと思います。

筆者がこの答えの重要性に気づくまで2年かかりました。日本が突然に石油大国になる。日本から金（ゴールド）が山ほど採れるようになる。小学生の冗談だと思った自分を恥じました。そう、日本にはすでにヒトの頭脳という名の1億個の油田と金鉱があるじゃないか。ある日突然、そう気づきました。ただし、この油田と金鉱から湧き出てくるのは石油ではありません。価値です。

しかも、実際の油田や金鉱よりも、ヒトの頭脳のほうがよっぽど優れています。日本に（比喩《ひゆ》ではなく本物の）巨大な油田や金鉱が発見されても、日本の問題は解決できません。石油価格や金価格が下がるだけでジリ貧になるからです。過去に似たような事例もありました。それはスペインによる中南米の侵略の歴史です。

油田より金鉱より貴重なたった一つの資源

スペインはアメリカ大陸で巨大な銀山を発見しました。たとえばポトシにあるセロ・リコ銀山など。この、通称ポトシ銀山では、インディヘナ（先住民）を強制的に奴隷労働に従事させるといった不幸が起きました。銀が山ほど採れることで、スペインは永久に安泰かのように思われました。

しかし、実際に起こったのは「銀の価格下落」「スペインの衰退」でした。むしろ、その後に覇権をにぎったのは、人間の脳みそと身体をフル活用して産業革命を起こしたイギリスだったのです。

石油や金銀ダイヤモンドなどは、たしかに価値あるものではありません。でも、それらはどれも同じものです。専門的には「差別化できない価値」とか「コモディティ」などといいます。まったく同じものが大量に産出されるようになったら、その財・サービスの価値はどんどん下がっていくのです。

これに対してヒトの頭脳という油田や金鉱だったらどうでしょう。

ヒトはそれぞれ多様な人生を過ごしています。だから、ヒトの頭脳から生まれる価値はどれも同じではありません。業務を一新するアルゴリズムを書ける。小説を書ける。絵を描ける。他人の心をほぐす会話ができる。業務を確実に遂行できる。そんなふうに、ヒトは多様で差別化された価値を生み出します。

石油や金はどれも同じコモディティでも、ヒトはコモディティではないのです。

だからこそ、ヒトの頭脳からたくさんの価値が生み出されていっても、それらは別々の価値ですから、石油や金のように価値が一気に下落していくということはありません。

このように考えていくと、現代日本の問題を解決する答えは見えたと思います。

すなわち、「多様な価値を生み出す、1億個のヒトの頭脳という油田と金鉱を再発見する」という答えです。ただし、油田や金鉱もきちんと掘削して開発する必要があるように、ヒトの頭脳も価値を創り合えるように掘削して開発する必要があります。より具体的には、ヒトの頭脳を価値創造思考へと変えて、価値創造のための思考道具をインストールしていただく必要があります。

この一連を筆者は「経営教育」と呼んでいます。

経営教育の力で「もう一度豊かになる」

だからこそ、現代日本の問題に取り組むというあまりにも大きな問題設定に対して、一見すると無関係そうな「経営教育」がその解答になるというわけです。

しかも、経営知識と経営意識という無形資本はどれだけ共有しても減るどころか増えていきます。土地や建物や機械や貨幣とは違うのです。しかも、現代では経営知識と経営意識を持つ人が、有形資本を持つ人よりも豊かな生活をしています。だとすれば、やるべきことは経営知識と経営意識をどんどん世の中に配っていくことでしょう。

なお、経営教育という言葉は２０２４年12月時点で一般的な言葉ではありません。本書でいうこの言葉は、筆者が２０２２年頃から担当編集者間孝博《あいだたかひろ》さんと一緒に作り出し、徐々に広がりを見せているものです。筆者は、これからの日本がもう一度豊かになるカギは「経営教育」にこそあると思っています。金融教育でも、経済教育でもない。経営教育です。

現代日本の多くの問題は「限りある価値の奪い合い」として理解できます。だとすれば、「限りない価値の創り合い」こそが問題解決のカギだといえるでしょう。そして、限りない価値の創り合いへと一歩進むために必要なことが二つあります。

一つめは、私たちの頭にこびりついた価値有限思考・価値奪取思考の弊害に気づくこと。二つめは、価値無限思考・価値創造思考を現実化するための思考道具が社会で共有されること。だからこそ本書はこの二つに一挙に取り組もうとしました。

日本に価値が足りないなら創ればいいのです。あるいは、イノベーションは起こせばいい。そのために必要な思考道具は無償で配っていけばいいだけです。この論理であれば、反対の余地はないでしょう。答えはもう見えているのです。

ただし、実践のともなわない理念は無意味です。だからこそ本書は実践の書だと繰り返し宣言していました。

東洋的な知行合一では「知っているということは、実際にできるということ」です。本書の内容を「なるほど、そんなもんか」と納得していただくことは、著者としてはもちろん嬉《うれ》しいかぎりです。でも、日本をもう一度豊かにするには、それだけではダメなのです。「なるほど、そんなもんか」に「じゃあ、今日からやってみるか」「周囲にも一緒にやる仲間を増やそうか」が追加される必要があります。

本書は未完の書だとも言いました。いまこの本を読んでくださっているあなたと一緒に作っていく本だからです。この本を書き込み必須《ひっす》の一風変わった実践書として作り込んだ理由もそこにあります。

いつか読者のみなさまと、書き込みがなされた本を一緒に読む機会があったら、こんなに幸せなことはありません。そして、そんな日がきっとくる。経営教育という言葉を誰もが口にする日がすぐにやってくる。筆者はそう予感しています。

謝辞

筆者は、「実践志向の経営学者」という職業を選んだ自分が、もしかして嘘つきの詐欺師商売をしているのではないかと悩むことがありました。経営学者といっても、科学者や文献学者的な立ち位置であれば何の問題もないと思います。しかし、筆者はあくまで実践志向の経営学者になりたいと思い続けてきました。

実践志向の経営学者といいつつ、本当に経営を成功させられるのか。そこに自信を持てないのに教壇に立ち、実務家の方々の前で演壇に立つことは、不誠実なのではないか。嘘つきと言われても仕方ないのではないか。そんな思いに支配されていました。

もちろん、経営には不確実性がつきものです。１００％の成功などありえません。それでも、「経営学を学べば会社も人生もプラスになる確率が高くなる」くらいは、自信を持って言える必要があると思ったのです。

自分の人生は価値創造三種の神器によって明らかに好転しました。でも、これは他の人にも適用できるのか。自分が特殊なのではないのか。そんな不安がいつまでも残っていました。

そんな中で、６期連続赤字（１期の黒字を除いてその前も11期連続赤字）を記録していたT

HE WHY HOW DO COMPANY株式会社（東証スタンダード市場上場：3823）の再建の仕事を得るチャンスにめぐり合ったのです。度重なる幸運によって、経営学者として最高の実践の場をいただきました。もちろん、従業員や株主といった利害関係者の方々の期待に応《こた》えるためにも、研究といった生半可な気持ちではありません。とはいえ、筆者の本質は実践志向の経営学者ですから、実践と研究は不可分です。

THE WHY HOW DO COMPANYはわずか1四半期、つまり3カ月で営業利益が黒字になりました。ざっくりといえば約70四半期のうちで数えるほどしか実現できなかった四半期営業利益の黒字をごく短期間で達成したのです。しかも、解雇等をともなわない黒字化です。むしろ人員が増え、組織が若返り、職場に活気があふれてきました。長らく希望者がいなかった自社株買いの希望者も出てくるようになったほどです。

この再建において最も効果を発揮したのが、本書で紹介した価値創造三種の神器でした。毎日大量の意思決定を組織全体でおこなうにあたり、本書で紹介した三つの手法によってあらゆる場面で高速で妙案を次々と打てるようになったのです。いまでは、役員会でも、日々の仕事の打ち合わせでも、「三角形で考えると……」「四角形を使ってみると……」という言葉が飛び交います。

筆者はいま初めて胸を張って言えます。価値創造思考は人と組織を変えます。そして、価値創造三種の神器は誰にでも使える思考道具です。

誰もが豊かになるには誰もが資本（生産手段）を持たねばなりません。しかし、なけなしのお金をこつこつ投資しても、莫大《ばくだい》なお金を持つ人の養分になるだけです。それでは無形の資本（生産手段）ならばどうでしょう。つまり経営知識と経営意識です。これなら、誰もが本気になれば一日で資本家になれます。それも、日本一の資本（経営知識・経営意識）を持つ人と同じだけの資本を持てるのです。

そのことを実証させてくださったTHE WHY HOW DO COMPANYのすべての利害関係者に感謝申し上げます。また、本書を含めこうした挑戦的な試みをいつも応援してくださる、私にとって日本一の学部である慶應義塾大学商学部の牛島利明《うしじまとしあき》学部長をはじめとする同僚の皆様に感謝申し上げます。

本書は2022年に出版された『13歳からの経営の教科書』のセット企画でした。しかし、本書第八章に記載した事情から『世界は経営でできている』が先になったりして、発刊が大きく遅れました。こうした中で、筆者をいつも励ましてくださり、他社企画を含め筆者が取り組む大きな挑戦に一緒に挑んでくださるKADOKAWA間孝博さんに感謝申し上げます。

最後に、本書を一緒に創り上げてくださる読者の皆様お一人お一人へ。ここまでお付き合いいただき、本当にありがとうございました。

岩尾俊兵（いわお・しゅんぺい）
慶應義塾大学商学部准教授、THE WHY HOW DO COMPANY株式会社（東京証券取引所スタンダード市場：3823）代表取締役社長。平成元年佐賀県有田町生まれ、慶應義塾大学商学部卒業、東京大学大学院経済学研究科マネジメント専攻博士課程修了、博士（経営学）。第73回義塾賞、第36回組織学会高宮賞（論文部門）、第37回組織学会高宮賞（著書部門）、第22回日本生産管理学会学会賞（理論書部門）、第4回表現者賞等受賞。組織学会評議員、日本生産管理学会理事。著書に『13歳からの経営の教科書』（KADOKAWA）、『世界は経営でできている』（講談社現代新書）、『日本企業はなぜ「強み」を捨てるのか』（光文社新書）、『日本“式”経営の逆襲』（日本経済新聞出版）、『イノベーションを生む“改善”』（有斐閣）、共著に『はじめてのオペレーション経営』（有斐閣）がある。2024年よりTHE WHY HOW DO COMPANY株式会社の社長として再建業務に従事。

経営《けいえい》教育《きょういく》

人生《じんせい》を変《か》える経営学《けいえいがく》の道具立《どうぐだ》て

岩尾《いわお》 俊兵《しゅんぺい》

2025年 3月 10日　初版発行

発行者　山下直久
発　行　株式会社KADOKAWA
〒102-8177　東京都千代田区富士見 2-13-3
電話　0570-002-301（ナビダイヤル）

装 丁 者　緒方修一（ラーフイン・ワークショップ）
ロゴデザイン　good design company
オビデザイン　Zapp!　白金正之
印 刷 所　株式会社暁印刷
製 本 所　本間製本株式会社

角川新書

ISBN978-4-04-082481-9 C0234